COTIDIANO E ESCOLA
a obra em construção

Dados Internacionais de Catalogação na Publicação (CIP)
(Câmara Brasileira do Livro, SP, Brasil)

Penin, Sônia
   Cotidiano e escola : a obra em construção : (o poder das práticas cotidianas na transformação da escola) / Sonia Penin. — 2. ed. — São Paulo : Cortez, 2011.

   Bibliografia.
   ISBN 978-85-249-1718-9

   1. Escolas 2. Escolas - Aspectos sociais 3. Escolas - Brasil I. Título.

11-03140   CDD-371.00981
                                                                  -390.193

Índices para catálogo sistemático:
   1. Brasil : Escolas   371.00981
   2. Escola e sociedade : Educação   370.193

Sonia Penin

COTIDIANO E ESCOLA
a obra em construção

(O poder das práticas cotidianas na transformação da escola)

2ª edição

COTIDIANO E ESCOLA: A OBRA EM CONSTRUÇÃO
(O poder das práticas cotidianas na transformação da escola)
Sonia Terezinha de Sousa Penin

Capa: aeroestúdio
Revisão: Fernanda Magalhães Brito
Composição: Linea Editora Ltda.
Coordenação editorial: Danilo A. Q. Morales

Nenhuma parte desta obra pode ser reproduzida ou duplicada sem autorização expressa da autora e do editor.

© 1989 by Sonia Terezinha de Sousa Penin

Direitos para esta edição
CORTEZ EDITORA
Rua Monte Alegre, 1074 – Perdizes
05014-001 – São Paulo – SP
Tel.: (11) 3864-0111   Fax: (11) 3864-4290
E-mail: cortez@cortezeditora.com.br
www.cortezeditora.com.br

Impresso no Brasil — novembro de 2011

*A Silvério, Alexandre e Lara
e
à memória de meus pais,
Dionília e Antenor
que viveram um tempo onde
a educação significava mais
privilégio que hoje mas que,
antecipando a História,
empreenderam todos os esforços
para "formar" seus dez filhos.*

Sumário

Índice das Tabelas e dos Gráficos 11

Prefácio à 2ª edição 15

Prefácio de Guiomar Namo de Mello 21

Introdução 27

PRIMEIRA PARTE
Escola e Cotidiano: Algumas Questões Teóricas

CAPÍTULO I   Tendências no estudo da escola 35
  1. Abordagens parciais e totalizadoras no estudo dos fenômenos humanos estruturados e da escola 35
  2. Estudo da vida cotidiana: via de acesso à realidade concreta — escola 38

CAPÍTULO II   Vida cotidiana: conhecimento e crítica 41
  1. Conceituação de vida cotidiana, cotidiano e cotidianidade
  2. A busca de uma análise crítica da vida cotidiana 41
  3. As representações e a manipulação do cotidiano 54

SEGUNDA PARTE
A História e as Obras

CAPÍTULO III O contexto histórico do cotidiano escolar	63
1. O desenvolvimento econômico brasileiro entre 1964 e 1980	64
2. A urbanização da cidade de São Paulo no período 1950/1980	65
3. A educação no país e na cidade de São Paulo no período 1950/1980	68
CAPÍTULO IV A obra Alfa	78
1. O texto social: a escola e sua história	78
2. O aluno da escola	79
3. A situação e o momento institucional da obra	83
4. O ritmo e a organização do trabalho escolar: combate entre cotidianidade e sua superação	87
CAPÍTULO V A obra Beta	94
1. O texto social: a escola e sua história	94
2. O aluno da escola	97
3. A situação e o momento institucional da obra	100
4. O ritmo e a organização do trabalho escolar: combate entre cotidianidade e sua superação	103
CAPÍTULO VI A obra Gama	107
1. O texto social: a escola e sua história	107
2. O aluno da escola	110
3. A situação e o momento institucional da obra	114
4. O ritmo e a organização do trabalho escolar: combate entre cotidianidade e sua superação	118
CAPÍTULO VII A obra Delta	120
1. O texto social: a escola e sua história	120
2. O aluno da escola	123

3. A situação e o momento institucional da obra 124
4. O ritmo e a organização do trabalho escolar: combate entre cotidianidade e sua superação 129

CAPÍTULO VIII Confronto entre as quatro obras 133
1. A lógica da diversidade das escolas públicas: "escola pobre para o aluno pobre" 133
2. Práticas do cotidiano: critério definidor do movimento de construção da escola pública 145

TERCEIRA PARTE
As Representações da Obra ou "A Obra Aberta"

Introdução 153

CAPÍTULO IX Representações da obra pelas professoras 155
1. Representações das professoras sobre o fracasso escolar dos alunos 157
2. Representações das professoras sobre a possibilidade de a escola melhorar o rendimento escolar dos alunos desfavorecidos economicamente 159
3. Representações das professoras sobre o aluno desejável e indesejável 164
4. Representações das professoras sobre os pais dos alunos . 168
5. Representações das professoras sobre o diretor 172

CAPÍTULO X Representações da obra pelo diretor 177

CAPÍTULO XI Representações da obra pelos pais 181

CAPÍTULO XII Confronto entre as várias representações da obra "escola" 188

Considerações finais 195

Bibliografia 203

Índice das tabelas e dos gráficos

TABELA 1	População e taxa de crescimento médio anual nos anos de 1947, 1960, 1970 e 1980 no município de São Paulo	66
TABELA 2	Matrículas iniciais e aprovações de alunos do 1º grau; segundo as entidades mantenedoras nos anos de 1961, 1966, 1970, 1975 e 1980 no município de São Paulo	74
TABELA 3	Média percentual das aprovações de alunos das oito séries do 1º grau, segundo as entidades mantenedoras no ano de 1980, no município de São Paulo	75
TABELA 4	Número de alunos e classes de 1976 a 1980 (Escola Alfa)	80
TABELA 5	Resumo dos percentuais de promoção, repetência e evasão por ano e série (Escola Alfa)	82
TABELA 6	Número de alunos e classes de 1977 a 1980 (Escola Beta)	96
TABELA 7	Resumo dos percentuais de promoção, repetência e evasão por ano e série (Escola Beta)	99
TABELA 8	Número de classes, de alunos e de períodos, por série e por ano (Escola Gama)	109

TABELA 9	Resumo das porcentagens de promoção e evasão por ano e série — 1973-1979 (Escola Gama)	111
TABELA 10	Número de classes e de alunos por série e ano (Escola Delta)	122
TABELA 11	Resumo das porcentagens de promoção, repetência e evasão por ano e série (Escola Delta)	125
TABELA 12	Comparativo dos recursos físicos, materiais e humanos, sua proveniência e utilização nas quatro escolas, com o respectivo número de alunos atendidos	136
TABELA 13	Comparativo da situação funcional das professoras nas quatro escolas	138
TABELA 14	Dados comparativos do tempo de escolarização e trabalho pedagógico nas quatro escolas	143
TABELA 15	Resumo comparativo das porcentagens de promoção de alunos, por ano e série nas quatro escolas pesquisadas	143
TABELA 16	Resumo comparativo das porcentagens de retenção de alunos, por ano e série nas quatro escolas pesquisadas	144
TABELA 17	Representação das professoras sobre as causas do fracasso escolar dos alunos	156
TABELA 18	Representação das professoras sobre o que a escola pode fazer para melhorar o rendimento escolar dos alunos	160
TABELA 19	Representações das professoras quanto ao aluno desejável e indesejável, em ordem decrescente de número de indicações	165
TABELA 20	Representação das professoras sobre os pais de seus alunos	169

TABELA 21 Representação das professoras sobre o "bom" diretor 173

TABELA 22 Fatores de insatisfação dos pais em relação à escola 182

TABELA 23 Representação dos pais sobre as características de uma boa professora 186

GRÁFICO 1 Evolução da participação das verbas do MEC no orçamento da União, em porcentagem (1960-1980) 77

Prefácio à 2ª edição

Editado em 1989, o presente livro foi reimpresso três vezes até 1992, e há alguns anos tem sido requisitado à editora e à autora por diferentes pessoas e instituições.

Ao longo dos anos debati questões tratadas ou suscitadas no (e pelo) texto em diferentes oportunidades com colegas, estudantes, professores de diferentes níveis de ensino e investigadores. Trocas de opinião mais constantes têm acontecido no interior do grupo de pesquisa Escola/Cultura/Conhecimento/Cotidiano, que coordeno desde 1994, e nos cursos de graduação e de pós-graduação, que ministro na Faculdade de Educação da Universidade de São Paulo, desde 1989.

A reflexão promovida por esses debates contribuiu para o avanço da compreensão de todos nós envolvidos com a problemática educacional brasileira e aspectos relacionados à teoria e prática da pesquisa em educação. Tal compreensão repercutiu em pesquisas e estudos posteriores que orientei e realizei, assim como na ação que desenvolvi em diferentes instituições educacionais.

O interesse pelo livro pode ser organizado em dois tipos. Um, mais relativo aos resultados empíricos do objeto central trabalhado que apontam razões do fracasso escolar de alunos de escolas públicas; outro, mais relacionado à perspectiva teórico-metodológica adotada no estudo.

Mesmo entendendo que objeto e método caminham juntos, é possível tecer considerações acerca das repercussões da primeira edição focando esses dois grupos de interesse.

Dos dados empíricos, que se reportam ao início dos anos 1980, pode-se afirmar que alguns se tornaram recorrentes em estudos posteriores também interessados no fenômeno dos altos índices da repetência e/ou fracasso escolar de alunos de escolas públicas. Entre esses estudos que descrevem aspectos das condições objetivas e subjetivas dessas instituições, encontra-se o que realizei dez anos depois em uma das escolas aqui descritas, denominada Beta[1]. O objetivo central dessa segunda investigação foi identificar se fenômenos que observei nos anos 1980 persistiam ou não na história da escola e na memória dos sujeitos que viviam nos anos 1990 o seu cotidiano, possibilitando análise da força de determinadas representações.

Um aspecto que emergiu com destaque no segundo estudo empreendido foi a rotatividade dos seus profissionais, posto que nenhuma das professoras ou a diretora encontradas na primeira investigação ali permaneceu. O fenômeno da rotatividade começou a ser discutido com mais insistência em anos recentes, tanto nas investigações, quanto em matérias jornalísticas devido, sobretudo, à intensa visibilidade que passou a ter no interior das escolas públicas, em especial as situadas em regiões periféricas das grandes cidades. Todavia, logo na investigação registrada neste livro, que reporta aos anos 1980, tanto o fenômeno foi identificado quanto a rotatividade nomeada já como uma questão pública. Ainda que hoje tenha se tornado frequente a afirmação de que a permanência extremamente curta dos professores e do diretor na escola é uma das razões objetivas do insucesso da aprendizagem de seus alunos, são nulas ou pouco efetivas políticas públicas para lidar e diminuir a rotatividade.

---

1. PENIN, STS, *A aula*: espaço de conhecimento, lugar de cultura. Campinas: Papirus Editora, 1992 e o artigo: A professora e a construção do conhecimento sobre o ensino. In: *Cadernos de Pesquisa*, n. 92, São Paulo: Fundação Carlos Chagas, fev./1995.

Uma das consequências da rotatividade persistente de profissionais numa instituição é que juntamente com as professoras sai também parte da história da escola. E, entendo que desconsiderá-la contribui para prejudicar não somente a compreensão daqueles que vivem a escola, bem como melhor planejar o seu futuro.

A crença que embasa tal entendimento é a de que ações cotidianas dos profissionais da escola podem ser fortalecidas se as pessoas que as realizam alcançam o seu sentido histórico, ou seja, conseguem identificar e compreender a gênese e a genealogia de práticas, fatos ou situações vividas. Ao identificar como inovadoras ações ocorridas na escola em que atuam, e compreender o seu sentido, caminhos promissores podem se abrir para atuações mais consistentes.

Como relatado no livro *A aula: espaço de conhecimento, lugar de cultura* (1992), os professores da escola Beta do início dos anos 1990 não tinham conhecimento da ação ímpar produzida por seus colegas dez anos antes. Desacomodados pela inconformidade com os altos índices de repetência na primeira série, os professores decidiram seguir por mais um ano com seus alunos, sem reprová-los. Tal procedimento poderia ser entendido como germe da medida conhecida anos depois como ciclo básico, e mais adiante como progressão continuada.

Estudar as condições objetivas e as representações de professores possibilitou enunciar que ações inovadoras ocorrem com menos frequência que o desejável. Possivelmente, porque esteja fortalecida entre eles a representação de que o cotidiano escolar é basicamente orientado pelos órgãos centrais de ensino, sem espaço para ações dos sujeitos que o vivem.

As representações dos professores também foram investigadas para identificar o nível de conquista ou de submissão que demonstravam diante da intensa programação a que o cotidiano escolar era submetido. A motivação para o estudo desse fenômeno, que ainda hoje mantenho, é a de que "o cotidiano só pode ser compreendido se seus participantes se tornarem sujeitos ativos e conscientes de sua situação como agentes da história, se entenderem a manipulação a qual estão sujeitos no seio da programação moderna; se, enfim, desejarem conhecer seu cotidiano e suas experiências cotidianas" (p. 199).

Essa afirmação foi formulada com base num aspecto que emergiu da análise empírica, ou seja: a escola é entendida diferentemente, conforme o lugar no qual cada sujeito vive o cotidiano escolar. Diretores, professoras e pais de alunos explicaram a escola e as razões do "fracasso escolar dos alunos pobres", as professoras apontando mais as causas extraescolares, especialmente a família dos alunos (desorganizada, que não incentiva os filhos) e os diretores e pais de alunos as causas intraescolares, especialmente as professoras. Para os diretores, os professores são despreparados para ensinar em função de fatores institucionais e políticos como más condições de trabalho e baixo salário. Para os pais, o fracasso escolar é identificado a partir de dados observáveis como faltas constantes e rotatividade. Além dessa afirmação, a análise relacionada às representações (entendidas, conforme Lefebvre, incluindo discurso e prática) dos sujeitos pesquisados possibilitou hipóteses ainda hoje provocativas para o conhecimento da escola pública da cidade de São Paulo.

A compreensão histórica dos fenômenos sociais enfatiza o papel do passado nas investigações que focam o fracasso escolar dos alunos, o fracasso da escola como instituição ou ainda das políticas públicas adotadas pelas instâncias responsáveis pela educação no país. Nesse aspecto certamente devem ser mais bem analisadas tanto as instituições formadoras de profissionais da educação quanto as estratégias que pretendem atrair jovens para a profissão docente.

No tocante às questões teórico-metodológicas, orientadoras da investigação que deu origem a este livro, é possível elencar a propriedade e atualidade de seus argumentos.

Os dois capítulos que compõem a primeira parte do texto tratam das razões que conduziram à perspectiva epistemológica adotada. Descrevem o movimento final de um período de busca por maior clareza e rigor na condução da pesquisa, precedido por momentos de convicções pressentidas mas ainda anuviadas. Relatos de aspectos deste período pelo qual, provavelmente, passem muitos pesquisadores, descrito como de tensão *homem e método*, podem servir de referência para os que se propõem mergulhar nessa imbricação.

Repassar a história da pesquisa de um determinado campo de conhecimento e de campos afins e ainda as mudanças de paradigmas no desenvolvimento do conhecimento humano é quase descobrir um continente, um chão teórico, para um pesquisador. Após o período de tensão, uma definição é um momento de extremo prazer. Todavia, sempre haverá mudanças; certeza não é a regra no mundo da ciência e rupturas epistemológicas ocorrem, vivenciadas pelos sujeitos e identificadas em diferentes campos de conhecimento. Tanto a revisão das teorizações no interior de uma perspectiva epistemológica, quanto a decisão relacionada à própria concepção de conhecimento, são questões continuamente revistas.

A decisão clara e provavelmente mais duradoura que continuo mantendo é a da perspectiva dialética de pesquisa, que considera o homem e as relações contínuas entre ele e os objetos, entre ele e os outros, ou seja, a relação antropológico-dialética.

A não dogmatização do caminho escolhido é esforço permanente. Historicizar e relativizar os esquemas explicativos e os conceitos é tarefa contínua. Como afirma Lefebvre " é relativizando-se que o conceito se dialetiza" (Lefebvre, 1961, II, p. 208-9). Daí, a importância de se ampliar continuamente a totalização, buscando-se o aprofundamento da compreensão de um fenômeno, sem que se pretenda chegar à totalidade. Com essa convicção ressalta-se a necessária revisão dos conceitos e da busca do novo, com a certeza que também será superado.

Aspectos da problemática educacional brasileira persistem por décadas, atravessando diferentes períodos políticos e econômicos. Estudos de caráter macro, amplo e histórico, inclusive quantitativos são sempre necessários, na crença de que quantidade e qualidade são aspectos que se compõem, um esclarecendo o outro. Os estudos de caso, voltados para a análise crítica do cotidiano escolar buscando — mais do que a sua grandeza — identificar fenômenos e conceitos constituem caminho profícuo que abre espaço para investigações quantitativas: os estudos de caso esclarecem aspectos relacionados ao sujeito que vive uma situação e pode nela intervir.

Essa direção analítica impulsionada à época da realização do livro, que volta às livrarias em segunda edição, tem orientado meu caminho de pesquisa e de exame crítico da produção educacional. Quanto à pesquisa, empenho-me em dialogar tanto com outras perspectivas de conhecimento, quanto com teorizações provenientes de outras áreas do saber.

Espero que a nova edição deste trabalho amplie o círculo de leitores e de interlocutores, colaborando na renovação das análises, das críticas e das autocríticas, tão necessárias à diminuição do espaço entre direitos educacionais da população brasileira e os constrangedores resultados educacionais até o momento alcançados.

Por último, no tocante à produção educacional, tomada numa visão mais geral, entendo que vivemos um tempo em que muitas explicações ainda não foram dadas e que outras tantas já explicitadas ainda não angariaram força para orientar representações mais poderosas incitadoras de ações políticas e de definições de políticas públicas; às vezes, nem mesmo de ações de sujeitos ou grupos de sujeitos em diferentes espaços e instituições. Mudanças radicais na educação brasileira ainda carecem de ímpetos, desejos e certamente vontade política de diferentes pessoas, grupos, organizações e instituições. Para os que acreditam que no campo da educação a ação investigativa e a ação política caminham juntas, perseverar é condição fulcral.

A autora
São Paulo, 8 de fevereiro de 2011

Prefácio

> O que conta aqui é o olhar sintético, que dá vida aos objetos da análise.
>
> *Jean Paul Sartre*

O padrão burocrático que preside a organização e funcionamento dos sistemas de ensino torna difícil a compreensão da realidade escolar, pois ao observador menos avisado ela se apresenta como uma rotina rigidamente padronizada.

Por outro lado, o esforço para apreender as relações informais, os processos não padronizados de comunicação, as condutas que escapam da norma burocrática, podem levar ao desânimo ou ao equívoco.

Desânimo porque se constata que esses processos informais constituem a maciça maioria do que acontece na escola e ao mesmo tempo se apresentam como um amontoado caótico de fatos, ocorrências descontínuas e comportamentos isolados.

Equívocos porque pode-se ser levado a supor que esse amontoado de pequenos acontecimentos não mantenham entre si nenhuma relação e não sejam a outra face, a imagem invertida ou espelhada da face burocratizada e padronizada da escola.

Para evitar o desânimo ou o equívoco é indispensável que o pesquisador disponha de um instrumental teórico que forneça critérios para relacionar, organizar e dar sentido ao conjunto de acontecimentos, padronizados ou não, que constituem o dia a dia de uma escola.

A teoria educacional pouco se preocupou, até época recente, com essa compreensão mais global do funcionamento da unidade escolar. Dispersa e fragmentada no estudo de aspectos isolados — o pedagógico, o administrativo, o processo de aprendizagem, a relação professor–aluno —, produziu um conhecimento, em alguns casos, até relevante sobre essa escola enquanto parte integrante da totalidade social e enquanto espaço onde a prática humana se reveste de características muito peculiares, porque destinada a efetuar (ou a não efetuar) o processo de transmissão/apropriação do conhecimento.

Por outro lado, para as ciências humanas em geral, a escola não tem sido objeto "nobre" de conhecimento. Numa determinada perspectiva funcionalista ela foi tratada como a "caixa preta" de Skinner, interessando muito mais investigar as "entradas" e "saídas" — variáveis de origem e destino socioeconômico da clientela — do que os processos internos ou variáveis intervenientes. Seja para afirmar que a passagem pela escola conduz à ascensão social, seja para negar essa conclusão, mostrando que os resultados da ação escolar apenas repetem e legitimam as desigualdades sociais, esse tipo de análise pouco contribuiu para uma compreensão mais ampla sobre como se produziriam internamente esses resultados em contextos histórico-sociais situados e determinados.

Outra variante da perspectiva funcionalista buscou o entendimento da dinâmica interna da instituição escolar, entendendo-a como uma miniatura da sociedade, onde se repetiriam as mesmas relações ali observadas: relações entre pares, entre adultos e crianças, entre posições diferenciadas na estrutura organizacional de um sistema, relações formais e informais, e assim por diante. Embora se observe neste caso um esforço para olhar dentro da escola, o padrão funcionalista, que seleciona como digno de consideração apenas o que é comum e reiterativo, impede a compreensão da realidade concreta da escola, porque ignora ser ela parte integrante da dinâmica, não da sociedade em abstrato, mas de uma determinada sociedade, com características históricas e conjunturais próprias.

Apenas há algumas décadas o estudo da instituição escolar adquiriu características novas, pelo trabalho de estudiosos da educação que vêm se esforçando para realizar a difícil tarefa de articular teorias educacionais numa perspectiva histórica, tomando como foco a escola no seu dia a dia e buscando entender como se determinam reciprocamente os processos internos, burocráticos ou não, com os processos sociais mais amplos que estão ocorrendo num determinado período e conjuntura.

A tarefa é difícil teórica e metodologicamente, porque quando se fala em teoria educacional, mais do que em qualquer área, isso se refere a uma teoria *interessada*, que implica obrigatoriamente um compromisso do pesquisador com fins, valores e funções da educação na sociedade. Metodologicamente, a compreensão da verdadeira natureza da escola na sociedade requer, por seu lado, que as relações entre a dinâmica social e a dinâmica interna da instituição sejam estabelecidas e analisadas com rigor e objetividade. O rigor e a objetividade, neste caso, só serão resguardados se o ponto de vista do estudioso — isto é, sua teoria da educação — for explicitado com clareza suficiente para condicionar a aceitação de suas conclusões à validade do cenário teórico no qual ele circulou para elaborar essas conclusões.

Por tudo isso, pode-se afirmar com segurança que o trabalho de Sonia T. S. Penin — *Cotidiano e escola: a obra em construção* — constitui uma inestimável contribuição teórica e metodológica para a tarefa acima mencionada.

Como o próprio título induz, a autora orientou sua mirada da escola trabalhando simultaneamente duas dimensões apenas aparentemente irreconciliáveis: a história e o cotidiano. História, no caso, com duplo significado. Em primeiro lugar, o contexto histórico no qual surge uma determinada escola e que responde pelo local onde ela se implanta, pelos processos que desencadeiam sua construção e efetuam continuamente seu funcionamento. Em segundo lugar, como história de uma escola, uma história onde existem personagens socialmente situados, e por que não dizer, heróis e vilões.

Em outras palavras, a história de uma escola enquanto relações que são estabelecidas entre classes e grupos sociais num espaço e tempo determinados, para atender demandas e interesses muito concretos, porque decorrentes das necessidades de viver, sobreviver, reproduzir, dominar, ser dominado, resistir, saber, conhecer, trabalhar, ganhar a vida, realizar um projeto profissional, e assim por diante.

À dimensão mais ampla do tempo histórico, todavia, Sonia T. S. Penin acrescenta a cotidianidade, de fato a história de todo e de cada dia. Quando o cotidiano é apreendido como resultado da história e, portanto, no trabalho em questão, das "modificações nas relações sociais, no modo de produção, nas ideologias", ele deixa de ser ou simples rotina, ou um amontoado descontínuo de fatos e comportamentos, para se revelar como a face mais imediata da vida de pessoas cujos comportamentos, valores e representações são, em última instância, produto da organização social do trabalho e da produção.

Por isso, o cotidiano com o qual trabalha a autora, ou seja, o cotidiano escolar, se revela por condutas e valores regidos pela urbanidade; pelo crescimento desordenado da periferia pobre da cidade e as contradições que esse processo produziu; pela industrialização tal como ela acontece nos países periféricos; pela repetição e homogeneização próprias no modo de produção capitalista num contexto onde o moderno e o arcaico convivem e afetam contraditoriamente a vida das pessoas.

Estamos, assim, falando do cotidiano de uma escola pública que, por fatores históricos, chegou à periferia pobre da grande cidade de país capitalista periférico. Com data e lugar assinalados, o cotidiano enquanto categoria teórica permite integrar e organizar o que antes parecia descontínuo. Burocracia e caos revelam-se como duas faces de um mesmo processo, pelo qual se efetuam as relações sociais peculiares à escola. Ou, quando falamos da outra escola, estamos nos referindo à escola pública que, também por fatores históricos próprios da dinâmica do crescimento urbano, situou-se nas faixas intermediárias da classe média. Regiões melhor equipadas de serviços, onde acabaram se fixando as camadas de renda intermediária no contínuo movimento pelo qual o centro rico foi empurrando para mais longe os grandes contingentes de baixa renda.

História e cotidiano se entrelaçam em cada escola, cada "obra" para revelar como, por que, com quem, para quem, contra ou a favor de quem o funcionamento interno dessa escola se efetua a cada dia, cada ano, com cada turma de alunos, professores, funcionários, pais. Porque uma não é apenas escola dos pobres mas é também escola empobrecida, esvaziada, abandonada e excludente, é fato que pode ser explicado nesse entrelaçamento.

A poucos trabalhos acadêmicos pode melhor aplicar-se a frase de Sartre na epígrafe deste prefácio. É o olhar sintético — a mirada teórica e metodológica, na qual não se omite a posição interessada da pesquisadora, que explicita seu entendimento da escola como espaço de transmissão/apropriação do conhecimento organizado — a mirada que busca sintetizar história e cotidiano, é essa mirada que dá vida aos fatos e dados recolhidos pela observação.

Considero-me em condição privilegiada para afirmar que a autora conseguiu, no âmbito de um trabalho acadêmico e, portanto, de suas limitações, realizar a tarefa difícil de construir um referencial teórico que nos permita compreender, no sentido amplo do termo, a escola, a "caixa preta" cujo conteúdo e resultados têm desafiado tantos estudiosos.

Digo isso porque os dados utilizados por Sonia T. S. Penin foram coletados diretamente por mim ou sob minha orientação. É claro que eu já possuía uma síntese teórica precária que dirigiu a seleção e coleta dos dados, mas isso é uma outra história que não tem interesse neste momento.

O importante é que esses dados, com os quais por razões diversas eu não trabalhei, ganharam vida no momento em que se dirigiu para eles o olhar interessado e ao mesmo tempo rigoroso, sintético porque teórico, da autora de *Cotidiano e escola: a obra em construção*. Outro tivesse sido o olhar, outra a síntese, outra face viva da escola poderia ter se revelado. Ou então, se a mirada não conseguisse transpor o limiar da análise, mais um monocórdio discurso descritivo da escola teria sido produzido.

Mas não foi, o interesse da pesquisadora deu vida aos dados, o que, e para terminar, tornou as informações significativas para a prática. Não se engane o leitor. O trabalho de Sonia T. S. Penin não se limita à contribuição teórica, porque sua teoria é interessada e por isso mesmo indicativa da boa prática: a prática de que tanto precisamos hoje, para fazer a escola funcionar, todos os dias, a favor dos que dela mais precisam, aqueles a quem a sociedade vem sistematicamente excluindo do acesso ao saber organizado.

Guiomar Namo de Mello
Ubatuba, passagem de 1988 para 1989.

Introdução

Acredito que nenhum trabalho é separado de uma vida, de suas circunstâncias. Assim, como fruto de minhas preocupações e das relações pessoais que mantenho devido a essas mesmas preocupações, dediquei-me a desenvolver a investigação aqui apresentada, e que, também por contadas circunstâncias de trabalho, serviram para cumprir as exigências de obtenção do título de doutor junto à pós-graduação da Faculdade de Educação da Universidade de São Paulo, cuja defesa ocorreu em janeiro de 1988.[1]

O estudo descreve as condições concretas da vida cotidiana em quatro escolas públicas de 1º grau, articulando esta descrição com as representações que professoras, equipe técnica e pais de alunos apresentavam sobre tais condições.

Ao confrontar dados concretos e representações tivemos como objetivo perseguir a natureza e a gênese do processo educativo que se desenvolve no cotidiano escolar e identificar pistas para sua transformação no sentido de promover com sucesso a aprendizagem escolar dos alunos. Com este objetivo, exploramos as relações que a

---

1. O presente estudo (cuja edição é uma versão condensada do trabalho original) originou-se de outro que investigou as representações e expectativas de professores em relação a alunos de níveis socioeconômicos diferentes, através de questionários e com uma amostra de 565 professores de 1º grau de todo o Estado de São Paulo, coordenado por Guiomar Namo de Mello, do qual resultou seu livro: *Magistério de 1º grau — Da competência técnica ao compromisso político*. Cortez, São Paulo, 1982.

educação e a didática mantêm com a psicologia social, a história, a sociologia e a antropologia, campos que possibilitam ampliar a compreensão da escola e do processo educativo aí desenvolvido.

No contexto da pesquisa social, esta investigação é caracterizada como "estudo de campo", de tipo exploratório.[2] O "exploratório" significa que o objetivo maior foi explorar o campo, a existência de eventos e, em menor proporção, identificar frequência, distribuição ou intensidade dos mesmos.

Estudos de campo podem ser desenvolvidos a partir de várias metodologias. Neste trabalho, a abordagem metodológica que adotamos refere-se à que Lefebvre denomina "antropologia dialética" (Lefebvre, 1961, p. 99). Dentro dessa abordagem, discutimos a obra escola a partir de duas vertentes. A primeira teve por finalidade descrever as condições objetivas sobre as quais a vida cotidiana acontecia e que constituía a "matéria-prima" da obra construída. Para esta descrição utilizamos *instrumentalmente* as categorias próprias de uma análise estrutural e formal. A utilização destas categorias tornou-se instrumental, pois ocorreu no bojo de uma análise crítica mais abrangente e totalizadora pela qual buscamos captar a *natureza* do que foi descrito de forma estrutural e formal. A segunda vertente de análise da obra-escola tratou das representações dos sujeitos coletivos envolvidos (professoras, diretores e pais de alunos). Na investigação do cotidiano subjetivo ou representação dos sujeitos que viveu o cotidiano, não pretendemos investigar tudo, mas as representações que esses sujeitos mantinham com a questão central aqui perseguida: "causas escolares do alto índice de repetência e evasão escolar dos alunos" ou seus desdobramentos.[3]

---

2. Sobre as características di estudos de campo, consultar: F. N. Kerlinger (1973, p. 406 n)

3. Sobre a questão do que investigar ao se pretender estudar o universo subjetivo de categorias de sujeitos, foi observada a posição de Kosik, para quem a "totalidade não significa todos os fatos" (discordando da posição de Popper, para quem a totalidade são todos os fatos e, já que estes não podem ser alcançados, a totalidade é considerada uma mística). Para Kosik, ao contrário, acumular todos os fatos não significa ainda conhecer a realidade. Para ele, os

Ao se estudar a escola, a primeira consideração que se evidencia é que ela, apesar de questionada sobre vários aspectos, apresenta-se como uma instituição sólida no contexto da sociedade moderna. Indivíduos de todas as classes sociais clamam por ela, exigindo seu crescimento e aprimoramento para cumprir aquilo que ela promete.

O empenho pela democratização da escola vem se manifestando tanto por parte daqueles que dela têm sido excluídos quanto por parte de educadores e outros indivíduos que propugnam sua obrigação de oferecer educação formal e de qualidade a todas. Esse empenho foi fortalecido na última década, quando estudos apontaram com clareza a seletividade promovida no interior da escola, atingindo especialmente os alunos provenientes das camadas populares. Tais estudos colocaram a nu uma contradição básica dessa escola: a de não cumprir aquilo que promete e, mais especificamente, não cumprir seus objetivos para com um determinado tipo de aluno.[4]

O debate sobre a seletividade escolar tem apontado a quantidade e as características das pessoas que participam do processo educativo, tanto como alunos, quanto como profissionais, mas tem enfocado com mais insistência, a partir de uma análise macrossocial, a natureza do serviço que a escola presta à população, no contexto de uma sociedade de classes. Estudos que privilegiaram essas questões, em nível macrossocial, têm sido de extrema importância, porque discutem as características, possibilidades e limitações que a escola apresenta para cumprir seu objetivo em nossa realidade. Contudo, esses estudos não são concordantes entre si. Ao contrário, apresentam respostas diferentes à questão fundamental sobre o tipo de relação que a escola mantém com a sociedade. Diferenças nas respostas correspondem a diferenças de posições teóricas que também têm

---

fatos são conhecimento de realidade se são compreendidos como fatos de um todo dialético, isto é, como partes estruturais do todo. Neste sentido, totalidade não significa tudo, mas, sim, os mecanismos e articulações essenciais que ligam o objeto de estudo a eventos específicos (Kosik, 1976, p. 35-6).

4. Entre os estudos que mostram a seletividade escolar: Barreto et al., 1979; Secretaria da Educação do Estado de São Paulo, 1985.

orientado diferentes políticas de ação e práticas pedagógicas presentes no cenário educacional brasileiro da atualidade.

As posições teóricas mais diferenciadoras foram objeto de reflexão recente de diversos autores e cabe aqui somente uma visão sintética de cada uma, como referência básica à análise que segue.[5]

Tais posições podem ser classificadas em três grupos. Num primeiro grupo, estão os autores que consideram a escola e a educação que aí se realiza como relativamente neutras, diante da estrutura e conjuntura social de um determinado país e época.[6] Diferenciações no rendimento escolar dos alunos, segundo esta posição, são atribuídas fundamentalmente a particularidades individuais. Esta posição, ainda presente no cenário educacional, foi dominante entre estudiosos da educação até meados do século XX, apesar de Marx ter afirmado a dependência das diversas instituições sociais às características econômicas há quase um século.[7] As pesquisas em educação desse período, dominadas pela abordagem positivista ou neopositivista da ciência, reforçaram esse posicionamento "acrítico" sobre a relação escola e sociedade.

A segunda posição diferenciadora aparece mais recentemente, com autores que reintroduzem a força dos determinantes sociais sobre a manifestação do fenômeno educativo. Embora haja diferenças específicas entre os vários autores que têm defendido esta posição, todos têm em comum o suposto de que a escola mantém estreita dependência com o contexto social e que, no quadro da sociedade

---

5. Entre os autores que têm contribuído para classificar as diferentes tendências educacionais na história da educação brasileira, destaca-se Dermeval Saviani, a partir de sua obra pioneira: "Tendências e correntes da educação brasileira". In: A. Bosi et al., 1983.

6. Os defensores deste grupo se apoiam no pensamento de autores clássicos da educação como John Dewey, Decroly, Montessori.

7. Marx explicita esta posição em vários trechos de sua obra. No texto denominado "Do socialismo utópico ao socialismo científico", ele afirma: "A concepção materialista da história parte da tese de que a produção, e com ela a troca de produtos, é a base de toda a ordem social". E logo depois: "... as causas profundas de todas as transformações sociais e de todas as revoluções políticas não devem ser procuradas nas cabeças dos homens (...) mas nas transformações operadas no modo de produção e de troca". Marx e Engels, 1961, 2: 322.

capitalista, dividida em classes, a escola apenas reproduz, no seu âmbito, as diferenças de classe existentes naquela. Nesse sentido, diferenças de rendimento escolar entre alunos são entendidas como reprodução das diferenças de classe social desses alunos no contexto da sociedade de classes. Os autores defensores desta posição, conhecida como "crítico-reprodutivista", já estão se tornando clássicos na literatura de referência dos educadores e são, basicamente: Illich (1985), Bourdieu e Passeron (1975), Althusser (s. d.), e Baudelot e Establet (1971). A posição desses autores obteve tal impacto sobre os educadores dos anos 1970 e início dos 1980 que provocou paralisia na prática pedagógica de muitos deles.[8] De fato, o entendimento de que a contradição da escola é uma "contradição secundária", dependente da contradição primeira que se encontra no interior das diferenças de classe da sociedade capitalista, e de que aquela contradição não pode ser resolvida dentro da escola levou muitos educadores a acreditarem que tudo que se tinha por fazer no âmbito da escola era esperar a mudança revolucionária ocorrer na sociedade pelo acirramento das contradições entre as classes sociais.

A terceira posição originou-se de estudos menos ortodoxos do pensamento marxista, ressaltando-se a obra de Gramsci (1979 e 1984). A análise que este autor efetuou sobre as superestruturas e, de modo especial, sobre a sociedade civil, incluindo aí o papel das instituições e dos intelectuais, trouxe elementos confrontadores à posição crítico-reprodutivista da escola. Esta terceira posição considera, tanto quanto a anterior, os determinantes sociais do fenômeno educativo, mas apresenta uma análise dinâmica da relação sociedade-escola, onde as contradições da escola são evidenciadas e entendidas no movimento histórico. Por considerar o movimento histórico das contradições que ocorrem no interior da escola, esta posição tem sido denominada "histórico-crítica".[9] Segundo este ponto de vista, a escola, apesar de

---

8. Na nossa realidade, além dos autores citados, obteve impacto, entre outras, a obra de L. A. Cunha (1977).

9. Esta denominação foi apresentada por Dermeval Saviani, que a historia em "A pedagogia histórico-crítica no quadro das tendências críticas da Educação Brasileira"

estar estruturada e organizada para atender às necessidades das camadas privilegiadas, desenvolve tal relação e dinâmica com a sociedade que lhe possibilita servir à causa das camadas populares. Ou seja, a escola, ao mesmo tempo que reproduz as desigualdades de classe presentes no contexto social — oprimindo os indivíduos pertencentes às camadas populares —, é também o espaço onde os indivíduos que a ela pertencem podem se apropriar do saber escolar, utilizando-o em benefício de seu projeto social.

Entendendo a escola a partir dessa terceira posição, julgo que em qualquer momento de uma pesquisa necessita conhecer a realidade escolar, integrando o conhecimento de sua dinâmica interna à dinâmica histórica, apreendendo assim, o sentido das contradições presentes no momento da investigação. A busca deste caminho integrador levou a analisar mais detidamente as diferentes tendências no estudo da escola, até chegar àquela que melhor servisse ao propósito escolhido. É o que discutirei no Capítulo I da primeira parte; no capítulo II abordaremos algumas questões teóricas sobre a vida cotidiana e sua crítica.

Na segunda parte apresentarei e discutirei os dados relativos às condições concretas do cotidiano nas quatro escolas investigadas (capítulo IV a VII), precedidos da apresentação do contexto histórico brasileiro no período compreendido entre a criação das escolas e a época em que foram pesquisadas (capítulo III). Ainda nesta parte, analisarei comparativamente a história e as condições concretas das quatro escolas (capítulo VIII).

Na terceira parte apresentarei e discutirei as representações que professoras (Capítulo IX), diretores (Capítulo X) e pais (Capítulo XI) mantinham sobre as escolas. Por fim, desenvolverei uma discussão global sobre o estudo.

(1987). Independentemente da denominação, outros autores vinham procurando superar criticamente as teorias da reprodução. Entre eles destacam-se Snyders (1977) e, entre nós, Freitag (1978).

PRIMEIRA PARTE

Escola e cotidiano: algumas questões teóricas

FALO SOBRE A CIDADE

a cidade que nos sonha a todos e que todos fazemos e desfazemos e refazemos enquanto sonhamos

a cidade que todos sonhamos e que muda sem cessar enquanto a sonhamos,

a cidade que desperta a cada cem anos e se olha no espelho de uma palavra e não se reconhece e põe-se outra vez a dormir,

a cidade que brota das pestanas da mulher que dorme ao meu lado e se converte, com seus monumentos e suas estátuas, suas histórias e suas lendas,

num manancial feito de muitos olhos e cada olho reflete a mesma paisagem interrompida,

antes das escolas e das prisões, dos alfabetos e dos números, do altar e da lei:

....

falo sobre a cidade imensa, realidade diária feita de duas palavras: os outros, e em cada um deles há um eu cerceado de nós, um eu à deriva.

....

falo sobre nossa história pública e nossa história secreta, a tua e a minha,

falo sobre a selva de pedra, o deserto do profeta, o formigueiro de almas, a congregação de tribos, a casa dos espelhos, o labirinto de ecos,

falo sobre o grande rumor que vem do fundo dos tempos, murmúrio incoerente de nações que se juntam ou dispersam, girar de multidões e suas armas como penhascos que se despenham, surdo soar de ossos caindo na cova da história,

falo sobre a cidade, pastora de séculos, mãe que engendra e nos devora, nos inventa e nos esquece.

Octavio Paz

CAPÍTULO I

Tendências no estudo da escola

1. Abordagens parciais e totalizadoras no estudo dos fenômenos humanos estruturados e da escola

Estudos da sociedade como um todo e de fenômenos humanos estruturados — como a escola — têm sido empreendidos a partir de enfoques os mais diversos, determinados pelas categorias explicativas mais difundidas em cada momento histórico.

Analisando esses enfoques no tempo, o historiador soviético Kon (In: Kosik, 1976, p. 44) afirma que a ciência, num primeiro momento, estudava principalmente fatos isolados, fenômenos bem localizados e, mais recentemente, tem se orientado para o estudo dos processos e das relações. Nesse primeiro momento, a orientação positivista de investigação muito contribuiu para esta abordagem niveladora que reduziu toda a realidade à realidade física. Kosik (1976, p. 38) afirma, entretanto, que é necessário não esquecer que nesse instante esta foi uma posição revolucionária, pois desmistificou a crença teológica da realidade, extirpando-a do âmbito da ciência.

O segundo momento — dos processos e relações — representa, para Kon, novo avanço no conhecimento, pois a realidade passa a ser entendida como uma configuração mais abrangente e inter-relacionada.

Lefebvre chega às mesmas conclusões de Kon, explicitando as categorias pelas quais os fenômenos e a sociedade passaram a ser analisados — funcional, estrutural e formal — e acrescenta (fato também identificado por uma revisão bibliográfica) que pela abordagem funcional têm sido estudadas as instituições; pela estrutural, os grupos e as estratégias; pela formal, as redes e ramificações, os canais de informação, os filtros etc. (Lefebvre, 1972, p. 93).

Os estudos sobre a escola refletiram as características do panorama de pesquisas dominante nos diferentes momentos. Assim, no primeiro momento de pesquisa caracterizado, a escola ou algumas de suas especificidades foram estudadas principalmente de forma isolada e, no segundo momento, ainda vigente, ela é comumente estudada em uma das abordagens: estrutural, funcional ou formal.

Os estudos da escola baseados nestas abordagens têm trazido alguns problemas, especialmente por terem dogmatizado sua via explicativa dos processos educativos e da escola, tomando como absolutas explicações que são apenas parciais. Com isto, têm impedido uma compreensão mais abrangente e significativa da realidade escolar. Vários autores discutem o problema destas abordagens em pesquisas sobre diferentes fenômenos. Aqueles identificados com a abordagem crítico-dialética da pesquisa não condenam o estudo da estrutura, função ou forma dos fenômenos em si, mas sim o fato de esses conceitos serem tomados de forma absoluta e dogmática, transformando-se em fetiches. Apresentaremos, a seguir, algumas considerações desses autores sobre esta questão.

Goldmann sugere que, para não se tornarem dogmatizados, os estudos da estrutura, função ou forma de um fenômeno devem ser realizados não isoladamente, mas de maneira concomitante. Para ele, a consideração da estrutura separada da função foi o que levou ao estruturalismo a-histórico, não genético, formalista, que não considera as mudanças históricas, bem como ao funcionalismo, que mostra o aspecto "funcional" das instituições ou comportamentos, sem nunca colocar o problema da transformação. Ele afirma ainda que a própria maneira pela qual o funcionalismo designa o que chama de "disfunções" (entendido como caráter negativo) pode não ser mais do que uma nova funcionalidade, referindo-se a uma nova ordem social só captável na abordagem histórica dos fatos sociais (Goldmann, 1986, p. 10).

Lefebvre, de forma semelhante, alerta para o perigo da dogmatização dos esquemas explicativos e aponta para a necessidade de se particularizar, "historicizar" e relativizar os conceitos, pois é relativizando-se que o conceito se dialetiza (Lefebvre, 1961, II, p. 208-9).

Lembrando que todo conceito se esgota, Lefebvre alerta ainda para o perigo do conceito "totalidade" também se fetichizar, sofrer do abuso dogmático (1961, II, p. 33-6). Considerando a dinamicidade do conceito, ele prefere o emprego do termo "totalização" ao invés do de "totalidade" e sugere que a busca da totalização para explicar os fenômenos deve partir da descrição fornecida pelos estudos que identificam o funcional, o estrutural ou o formal e criticá-los e ultrapassá-los a fim de alcançar a natureza do funcional, estrutural e formal dos fenômenos (Lefebvre, 1961, II, p. 189-191).

Com a mesma preocupação, Kosik (1976, p. 42) afirma que, na busca da totalidade, não se deve contentar somente com o conjunto de relações, fatos e processos identificados, mas ir além e desvendar a sua criação, estrutura e gênese.

As considerações desses autores apontam para a necessidade de se estabelecer um quadro de análise amplo que possibilite alcançar, ainda que parcialmente, a realidade concreta da escola. Cientes de que a apreensão completa desta realidade é impossível, acreditamos, com Goldmann, Lefebvre e outros autores, que o esforço deve ser mantido.

Nosso objetivo ao investigar quatro escolas públicas de 1º grau foi, portanto, perseguir a natureza e a gênese de processos educacionais que ocorrem no interior da escola, especialmente o fracasso dos alunos pertencentes às camadas populares, a partir da abordagem mais totalizadora possível. Entretanto, esta decisão não preenchia ainda todas as necessidades da investigação. Restava decidir sobre qual ponto começar no estudo da escola: se das características da sociedade, se da estrutura escolar, ou se da vivência dos sujeitos ligados à escola. É o que discutiremos a seguir.

2. Estudo da vida cotidiana: via de acesso à realidade concreta — escola

Na busca de um caminho que não fragmentasse os fenômenos estudados e que melhor revelasse a gênese e a natureza do processo educativo presente na escola, duas vias foram identificadas.

A primeira via, a mais privilegiada pelos investigadores que optam pela abordagem totalizadora, caracteriza-se por analisar a escola a partir de um ponto de vista macrossocial, ou seja, que procura estabelecer explicações abrangentes sobre a escola e seu papel. Nestas explicações, a escola é entendida ou como "instituição" (conceito herdado das investigações de cunho positivista) ou como "aparelho de Estado" (conceito herdado das explicações "crítico-reprodutivistas" da escola).

Outra via, indicada para procurar a *natureza* do estrutural, formal ou funcional de determinados fenômenos, tem sido a análise destes a partir de um ponto de vista microssocial, ou seja, das pessoas e de suas relações sociais.[1]

O fato de a maior parte dos autores que adotam a abordagem dialética de investigação preferir a via da análise macrossocial provavelmente é devido ao ponto de vista marxista sobre a estreita re-

---

[1] Alguns autores estabelecem um terceiro nível, entre o macro e o micro: o "intermediário". Nesta distinção, "microssocial" envolveria apenas o nível estritamente individual e das inter-relações pessoais, e o "intermediário" envolveria os indivíduos e grupos no contexto de suas atividades sociais, ou seja, tomados numa coletividade (Thiollent, 1986, p. 8-9). Não faremos aqui esta distinção, considerando que os indivíduos, mesmo em suas representações mais "pessoais", estabelecem e têm como referência o grupo ou a coletividade mais próxima.

lação entre as questões individuais e de grupo e as determinações sociais mais amplas, reafirmada por vários autores, em especial da área da sociologia e da psicologia social.[2] Mais recentemente, autores que também adotam a abordagem dialética de pesquisa, mas menos ortodoxos na leitura de Marx, têm criticado análises que privilegiam as questões macrossociais por julgarem que elas não consideram de forma adequada as relações destas questões com aquelas produzidas e existentes no âmbito microssocial. A crítica tem se dirigido, não à inutilidade destas pesquisas, mas ao fato de que não têm contribuído para o esclarecimento e avanço das questões mais concretas. De fato, explicações provindas deste tipo de pesquisa têm categorizado a escola como "reprodutivista", "libertária" etc., mas não têm avançado em explicações de eventos mais concretos e vivos da realidade escolar.

A busca de eventos que explicassem melhor a realidade escolar nos levou à leitura de autores que discutiram e analisaram o cotidiano (Gramsci, Kosik, Lefebvre, Heller) e a escola a partir do cotidiano (Ezpeleta e Rockwell).

A leitura das obras desses autores fortaleceu nossa crença na riqueza das explicações microssociais para o melhor equacionamento dos problemas que a escola enfrenta. De fato, é no âmbito da análise do cotidiano que podemos melhor entender as ações dos sujeitos que movimentam a escola e com isso alcançar a natureza dos processos constitutivos da realidade escolar, tendo em vista a sua transformação. Acreditamos, entretanto, que a natureza das ações e dos processos escolares não é alcançada apenas pela identificação da existência destes, mas na sua articulação com eventos presentes no nível social e histórico, com os quais a análise macrossocial se preocupa. Apenas o conhecimento crítico de um e outro

---

2. Não nos alongaremos aqui sobre as críticas já formuladas por esses autores a respeito das pesquisas "positivistas", que têm investigado o indivíduo e os pequenos grupos sem considerar as questões sociais. Consultar, sobre essas críticas, entre outros autores: Moscovici. In: Israel & Tajfel (1971).

nível pode levar adiante o conhecimento da realidade. Nesse sentido, concordamos com Lefebvre (1961, II, p. 102), para quem "não é possível conhecer a sociedade (global) sem conhecer a vida cotidiana (...) e não é possível conhecer a cotidianidade sem o conhecimento crítico da sociedade (global)".

Partindo do pressuposto de que o atual momento de pesquisa sobre a escola carece de explicações microssociais para avançar no conhecimento das questões concretas e teóricas que sobre ela se colocam, optamos pelo estudo da vida cotidiana que se desenvolve no interior da escola.

A intenção de investigar o cotidiano escolar nos levou a procurar um arcabouço conceitual que orientasse a análise crítico-dialética a ser efetivada. Nesta procura encontramos conceitos valiosos em Kosik, Moscovici e Heller (esta inspirada principalmente em Lukács), mas foi em Lefebvre que encontramos maior riqueza conceitual. Apesar de ter sido Lukács quem introduziu o tema do cotidiano, foi Lefebvre o primeiro autor a fazer da vida cotidiana o objeto de uma reflexão filosófica sistemática: sua primeira obra sobre o assunto data de 1946 e desde então, ao longo dos anos, ele construiu sobre o assunto um conjunto de formulações facilitadoras de uma análise concreta. Suas formulações foram desenvolvidas a partir do marxismo que, para ele, é um conhecimento crítico da vida cotidiana, já que descreve e analisa a vida cotidiana da sociedade e indica os meios de transformá-la.

No próximo capítulo exporemos algumas posições teóricas e conceitos sobre a vida cotidiana e sua crítica tomados principalmente, mas não exclusivamente, de Lefebvre.

CAPÍTULO II

Vida cotidiana: conhecimento e crítica

1. Conceituação de vida cotidiana, cotidiano e cotidianidade

Entendemos vida cotidiana como Lefebvre, ou seja, como um nível de realidade social.[1] Nesse sentido, uma primeira providência para tornar mais preciso o conceito "vida cotidiana" é distingui-lo do conceito mais abrangente de "práxis".

Para Lefebvre (1961, II, p. 50-1), "práxis" coincide com a totalidade em ato, englobando tanto a base como as superestruturas e as interações entre as duas.[2] Sua conceituação de "práxis" coincide com a de Kosik, para quem esta abrange a totalidade da prática humana, incluindo tanto a atividade objetiva do homem, transformadora da natureza e do mundo social, quanto a formação da subjetividade humana. Desta forma, todos os momentos do homem, ou seja, todos os seus tipos de ação, reflexão e sentimentos, que se originam no trabalho, fazem parte da práxis (Kosik, 1976, p. 201-2).

Sendo um nível da realidade social, a vida cotidiana apresenta-se como um *nível* da "totalidade", da mesma forma que são níveis, e

---

1. Lefebvre, 196f, II, p. 46-51; sobre a noção de nível, p. 122-9.

2. Agnes Heller (1972, p. 32) posiciona-se diferentemente de Lefebvre ao considerar que as atividades cotidianas não fazem parte da práxis.

podem ser investigados como tal, o biológico, o fisiológico, o psicológico, o econômico etc. Como afirma Lefebvre (1961, II: 61-2), a partir do conteúdo de uma mesma atividade, o pensamento pode constituir um número quase ilimitado de conjuntos e, portanto, de níveis de investigação. Nesse sentido, Lefebvre lembra que muitos leitores de Marx, por não entenderem a análise deste sobre o *nível* econômico da sociedade, exacerbaram o papel da análise econômica na explicação da sociedade. Marx, segundo Lefebvre, jamais concebeu o econômico como determinante ou como determinismo, mas tão só apresenta o capitalismo como modelo de produção em que predomina o econômico. Em consequência disso é que designou o econômico como nível a que referir-se (Lefebvre, 1972, p. 237). Para Lefebvre (1961, II: 123), num determinado momento ou conjuntura, um nível pode ser dominante sobre os demais, ser integrador dos demais.

Por constituir-se nível de realidade, a vida cotidiana não se reduz ao conhecimento de situações circunscritas apenas a este nível da realidade. Estamos, ao mesmo tempo, na vida cotidiana e fora dela. Isso significa que o nível cotidiano não é um campo fechado, mas liga-se a outros níveis da realidade, assim como à globalidade. Para Lefebvre (1961, II, p. 122 ss.), o conceito de nível assemelha-se ao de implicação, onde cada nível resulta de uma análise que resgata e explicita o conteúdo de outros níveis.

Nesse sentido, as atividades superiores distinguem-se daquelas da vida cotidiana, mas delas não se desligam. Para Lefebvre, o conhecimento, a ciência, a descoberta científica consistem em breves instantes de descoberta e, durante esse tempo, há uma vida cotidiana da ciência: aprendizagem, ensino, clima dos meios científicos, questões de administração, funcionamento das instituições etc.[3] Há, por exemplo, uma vida cotidiana do Estado, cujo nome é burocracia, e estudar a vida cotidiana do Estado é estudar "no concreto" as funções e funcionamento dos aparelhos burocráticos, sua relação com a

---

3. Neste aspecto Heller (1972, p. 29) posiciona-se como Lefebvre. Ela denomina as atividades superiores de humano-genéricas, contrapostas às atividades cotidianas.

práxis social (Lefebvre, 1961, II, p. 46). É do cotidiano que emergem as grandes decisões e os instantes dramáticos de decisão e de ação. Por exemplo, é do cotidiano dos sindicatos ou associações de classe que emerge a greve. Para Lefebvre, as atividades superiores dos homens nascem do germe contido na prática cotidiana.

Essa afirmação de Lefebvre nos remete à importância de estudos do cotidiano para iluminar a reflexão de problemas de conhecimento, qualquer que seja o objeto em questão. No caso da escola, conhecer com precisão a natureza das práticas e processos desenvolvidos no seu cotidiano pode orientar decisões tomadas em nível quer das associações de classe, quer da instituição. A análise que realizamos neste estudo mostrou que práticas do cotidiano escolar encontradas em 1980 nas escolas pesquisadas se tornaram normas institucionais quatro anos depois.[4]

Outra afirmação de Lefebvre sobre a relação entre atividades superiores e cotidiano enfatiza, por ângulo diferente, a importância do conhecimento da vida cotidiana. Refere-se ao fato de que tudo aquilo que se produz e se constrói nas esferas superiores da prática social deve mostrar sua verdade no cotidiano, quer se relacione à arte, à filosofia ou à política (Lefebvre, 1961, II, p. 50). Ou seja, as criações devem vir à vida cotidiana para verificar e confirmar a validade da criação.[5]

Esta análise, transposta ao contexto da escola, sugere que decisões institucionais de controle burocrático ou de cunho pedagógico (como programas de ensino, orientações metodológicas etc.) só serão efetivadas se mostrarem sua "verdade" na prática cotidiana de cada escola, com um específico grupo de professores.

É por isso que Lefebvre — apesar de ter como certo que é dos resultados concretos da práxis que aparecem tanto a produção regular quanto as verdadeiras criações humanas — coloca como hipótese

---

4. Verificar a análise realizada na segunda parte, capítulo VIII, item 2.
5. Também quanto a este aspecto Heller (1972, p. 20) posiciona-se como Lefebvre.

básica que "é na vida cotidiana e a partir dela que se cumprem as verdadeiras criações, aquelas que produzem os homens no curso de sua humanização: as obras".[6] Apostando também nesta hipótese estaremos, neste estudo, entendendo cada escola pesquisada como uma obra que, não obstante pertencer a uma instituição, é construída e transformada pela ação dos sujeitos presentes.

Até aqui estivemos usando sem distinção os termos: vida cotidiana, cotidiano e cotidianidade. Tomar estes conceitos mais precisos facilita a análise do cotidiano escolar. Para esta distinção Lefebvre se remete às modificações pelas quais a vida cotidiana passou ao longo da história. Essas modificações são estabelecidas por ele, não a partir de pormenores descritivos, mas através dos aspectos globais de cada sociedade, em cada época, ou seja, pela identificação de modificações nas relações sociais, no modo de produção, nas ideologias.[7]

Num primeiro momento, que se situa até o século XIX, anterior ao capitalismo competitivo, ao desenvolvimento do "mundo da mercadoria", a vida cotidiana existente permanecia impregnada de valores, de ritos, de mitos. Nessas sociedades arcaicas e antigas, denominadas por Lefebvre de "não cumulativas", a vida cotidiana não se separava daquele setor que consistia o ponto mais "alto" e "maior" da cultura e das ideias. O cidadão mais primitivo sabia distinguir o profano do sagrado, ainda que estes dois aspectos de sua vida se misturem para nós.

Quanto ao modo de produção, as pessoas produziam roupas, alimentos e objetos, mas estas atividades não passavam por um sistema rígido de planificação, repetitivo e homogêneo. Nesse sentido, existiam mais "obras" do que produtos, inclusive obras cole-

---

6 Lefebvre distingue obra de produto. A obra é única, podendo apenas ser copiada, imitada. Produto, por definição, é reprodutivo (repetitivo), pois a finalidade do dispositivo é precisamente esta (Lefebvre, 1983, especialmente p. 243-4). Voltaremos a discutir esta diferenciação no item 3 deste capítulo, referente às "representações".

7. Lefebvre escreve sobre esta questão em duas obras suas (1961, v. II, especialmente p. 316-38 e 1972, p. 53-79). Expomos aqui os elementos básicos de sua análise nessas obras.

tivas: monumentos e festas. O estilo acompanhava as obras conferindo sentido aos menores objetos, atos, atividades ou gestos. Para Lefebvre, este é um dos paradoxos da história: nessa época havia "estilo" apesar da existência da miséria e da opressão direta.

Num segundo momento histórico, a partir do capitalismo competitivo, a obra quase desapareceu, substituída pelo produto (comercializado), enquanto que a exploração substituiu a opressão direta. Nesse momento, início do século XX, a sociedade europeia torna-se "cumulativa", pelo crescimento das forças produtivas. Aí a vida cotidiana entra na modernidade e o "cotidiano" (palavra que designa esta entrada na modernidade) consolida-se. Ao estilo se opõe a cultura e esta se divide em cultura cotidiana (de massa) e alta cultura, divisão que passa por fragmentações sucessivas. Além de ser substituído pela cultura, o estilo também é substituído pela arte no sentido de "arte pela arte", ou seja, esteticismo. Três valores farão a modernidade: a técnica, o trabalho e a linguagem, cada um com um destino diferente.

No decorrer deste segundo momento, a modernidade torna-se uma ideologia, um valor básico a ser alcançado. A ideologia da modernidade vigente tem mantido o cotidiano como lugar de continuidade, anunciando a ilusão de uma ruptura com a época anterior. O alcance e o valor da modernidade têm recebido interpretações diferentes, positivas de uns, negativas de outros. Para Lefebvre, esta controvérsia ficará sem conclusão, em parte por depender do lugar atribuído ao negativo no movimento. De qualquer forma, ele acredita que a modernidade mais recente sofreu uma "crise" que ocasionou a separação entre a modernidade e o que ele chama de modernismo. Em suas análises mais recentes, Lefebvre afirma que a modernidade, que teve seu início no começo do século XX, cessa por volta de 1980, quando a civilização ocidental entrou no terceiro momento de sua classificação (Lefebvre, 1981, III).

Nesse terceiro momento, que atualmente Lefebvre denomina "modernismo" (pois em obras anteriores ele já fazia a distinção entre os três momentos, sem qualificar o último), o cotidiano passa a ser objeto de programação, cujo desenvolvimento é comandado pelo mercado, pelo sistema de equivalência, pelo marketing e pela publicidade. Neste período, a ideologia da modernidade é suplantada, ficando, no seu lugar, a prática tecnológica própria do modernismo. Dá-se a instalação e consolidação da *cotidianidade*, que mostrará como o cotidiano se cristaliza. "Cotidianidade" insiste sobre o homogêneo, sobre o repetitivo, sobre o fragmentário na vida cotidiana: mesmos gestos, mesmos trajetos etc.

1.1. O cotidiano hoje

A análise de Lefebvre sobre a vida cotidiana incide sobre seu país de origem, pertencente à comunidade europeia, ou seja, país capitalista avançado. Sua análise identifica, entretanto, muitos pontos semelhantes àqueles encontrados em nosso país capitalista periférico, principalmente no contexto das grandes cidades urbanas. Tanto lá como aqui, podemos perceber, no curso das últimas décadas, mudanças no cotidiano. Este deixou de ser um espaço abandonado, livre às iniciativas individuais, isto é, não é mais o "âmbito da condição humana em que enfrentam sua miséria e sua grandeza" (Lefebvre, 1961, II, p. 93-4). O cotidiano deixou de ser um "setor"; hoje é submetido à programação, à exploração racional através do marketing e da publicidade. Estes fazem do cotidiano um de seus principais produtos.

A programação do cotidiano não incide somente sobre o tempo do trabalho social. O tempo do não trabalho (repouso, férias, vida privada, lazeres) faz parte do modo de produção como o trabalho. O não trabalho anima a economia devido a dois fatores: porque é o "tempo" de consumo e porque poderosos setores produtivos se constroem a partir deste não trabalho (o turismo, os lazeres, os espetáculos, a indústria cultural).

Nas grandes cidades brasileiras podemos perceber esta organização e programação do cotidiano das pessoas por vários indícios.

A agenda diária dos indivíduos da "classe média" é completada em grande parte por ações estimuladas pelo marketing.[8] Análises impressionistas sobre nossa realidade urbana mostram programações diárias, organizadas até nas "agendas" de crianças, muitas delas já transformadas em pequenos "executivos", estes, representantes do homem típico da modernidade.

A escola, seguindo a tendência da modernidade, não passou ao largo da programação intensa. Na nossa realidade, ela "assumiu" um dos valores da modernidade — a técnica — de maneira exemplar. O tecnicismo tornou-se a tendência pedagógica predominante no cenário educacional das duas últimas décadas, mudando substancialmente a organização escolar e a prática pedagógica dos agentes educacionais. A entrada dos especialistas na escola e a ênfase técnica com que seu trabalho foi orientado na escola pública facilitou a fragmentação do processo educativo e a prática docente tornou-se burocraticamente organizada em todos os níveis.

Assim programado, o cotidiano escolar, tanto quanto o cotidiano de modo geral, tenderia a constituir-se em um sistema com fechamento próprio: produção-consumo-produção. Entretanto, o cotidiano não pode, como lembra mais recentemente Lefebvre,

---

8. Lefebvre, no vol. III da *Critique de la vie quotidienne* (1981), discute a questão do papel e função das classes médias. Não nos aprofundamos aqui sobre a questão, mas é necessário situar alguns pontos da análise empreendida por ele. 1º) Lefebvre discute a afirmação de Marx em *O capital* anunciando o desaparecimento da classe média e traz à baila afirmações de Marx, em outros escritos, onde teria revisto sua análise. 2º) Lefebvre afirma que há, desde alguns anos, uma nova classe média, composta de técnicos e tecnocratas, sem que haja desaparecido a antiga classe média, composta por membros das profissões liberais. Apesar das diferenciações e diversidade de níveis de vida entre as diversas "classes médias", considera que há uma certa homogeneidade entre as diversas camadas situadas entre a parte alta e a parte baixa, permitindo falar da classe média. 3º) É no seio da classe média — classe média média — que o cotidiano moderno se constitui e se institui. É a partir deste lugar que o modelo — aí construído — se difunde para a alta e para a baixa classe média. 4º) Antigamente, os modos e modelos da classe média provinham da aristocracia ou da grande burguesia; hoje, a classe média impõe sua lei. Aos modelos culturais e práticos, que nascem no seio das classes médias, escapam a alta burguesia e a classe baixa, esta sem acesso mesmo à cotidianidade. Lefebvre distingue assim o infra e o supercotidiano e limita a cotidianidade àquela das classes médias, afirmando a predominância das classes médias sob a hegemonia capitalista atual.

definir-se como "subsistema" no interior de um sistema mais vasto. Ao contrário, o cotidiano é a "base" a partir da qual o modo de produção tenta se constituir em sistema por uma programação. Da mesma forma, o cotidiano é a base do Estado e, no caso da escola pública, o cotidiano escolar é a base da instituição estatal sobre o qual esta procura programar a produção. Deste ponto vem a força do cotidiano e nossa crença fundamental: ele, como base da produção programada (trabalho e não trabalho) e do Estado organizado, impõe o critério de mudança da programação da produção ou da organização do Estado. Entretanto, esta imposição não se faz sem uma lógica. Nesse sentido, a questão que se coloca é saber como o cotidiano estabelece seus critérios de mudança e saber quais critérios são esses.

Nas seções seguintes deste capítulo procuramos estabelecer parâmetros de análise do cotidiano para melhor identificar sua fraqueza e sua força, ou seja, identificar como ele sofre manipulações e como ele impõe mudanças (muitas vezes à revelia dele mesmo) seja à produção programada, seja ao Estado.

2. A busca de uma análise crítica da vida cotidiana

Para conquistar a cotidianidade é necessário, pois, conhecê-la: suas características e suas manipulações. Quanto ao conhecimento das manipulações, partimos do pressuposto de que para apreendê-las é preciso examinar as representações dos sujeitos cotidianos. Das representações nos ocuparemos na próxima seção.

Nesta seção, trataremos de analisar as características da cotidianidade. Para isso, partimos do esquema pelo qual ela é pautada, esquema que, lembra Lefebvre, já pautou o domínio do saber, do espaço, da organização estatal e, até mesmo, do capital. Este esquema, que depois de ter submetido os outros setores hoje também submete a cotidianidade, é formado por fatores relacionados à homogeneidade, fragmentação e hierarquização (Lefebvre, 1981, p. 84 ss.).

2.1. Fatores de homogeneidade, fragmentação e hierarquização do cotidiano

Este esquema de análise da cotidianidade proposto por Lefebvre, ele mesmo o admite, encontra-se implicitamente em Marx, a propósito do trabalho social: este torna-se mais e mais homogêneo, fragmentado e hierarquizado. Ao ser generalizado, este esquema caracteriza também a sociedade atual, não importando nem o modo de produção capitalista, nem seus próprios objetivos. A aplicação ao cotidiano do esquema que analisa o trabalho social faz corresponder o cotidiano àquilo que se realiza nas zonas das atividades mais ou menos exteriores ao cotidiano, mas ligadas a ele, como, por exemplo, o emprego do tempo, os percursos, o trabalho etc.

Para Lefebvre, o modo de produção atual tem produzido uma revolução científica e técnica (em substituição à revolução social e política), um sistema mundial de Estados, um espaço específico, uma urbanização maciça, uma divisão mundial do trabalho e, portanto, a cotidianidade. Esta cotidianidade é percebida pela homogeneidade dos tempos cotidianos onde a medida abstrata do tempo, e não os ciclos naturais, comanda a prática social; pela fragmentação dos tempos cotidianos em que descontinuidades brutais destroem os ciclos e ritmos naturais à medida que obedecem à linearidade dos processos de medida e que dividem as atividades segundo uma ordenação geral decretada do alto; pela hierarquização dos tempos cotidianos onde a desigualdade de situações e instantes recebem designação de importantes ou desprezíveis, segundo avaliações mal justificadas. Para Lefebvre, não é fácil compreender o paradoxo segundo o qual o homogêneo cobre e contém o fragmentado, deixando lugar a uma estrita hierarquização.

A partir do esquema geral — homogeneidade, fragmentação e hierarquização — Lefebvre organizou um quadro dos fatores que intervêm no cotidiano, que reproduzimos em suas linhas gerais, pois muitos deles, veremos, estão presentes de modo incontestável no cotidiano escolar.

a. Fatores homogeneizantes do cotidiano
- a lei e a ordem estabelecida;
- a racionalidade tecnológica e burocrática;
- a lógica que se pretende unitária e se aplica a todos os domínios;
- o tempo do relógio decomposto repetitivamente;
- as mídias (não tanto por seu conteúdo como por sua forma, produzindo atitude uniforme de passividade diante do fluxo de informação, de imagens, de discursos);
- a busca da coerência e da coesão dos comportamentos e a formação desses comportamentos sob o tipo de reflexo condicionado;
- as representações estereotipadas;
- o mundo da mercadoria, intimamente ligado aos compromissos contratuais;
- as tarefas repetidas linearmente (mesmos gestos, mesmas palavras);
- os intervalos ocupados pelos interditos;
- a segmentação das funções elementares (comer, dormir, reproduzir etc.) no cotidiano uniformizado, que acompanha a fragmentação das funções ditas superiores (ler, apreciar, conceber, gerar etc.) e sua repartição programada no tempo;
- as ilegalidades múltiplas na legalidade formal da lei;
- os campos epistemológicos e recortes operados para e no saber;
- as burocracias e fidelidades burocráticas;
- a importância das divisões administrativas, partindo o espaço;
- o desdobramento do espaço, produto social;
- a tendência geral de gerar a vida cotidiana sob o modelo de uma pequena empresa;
- a tendência de fazer apelo ao saber ligado às normas e, por consequência, reduzir o vivido;

- a dominação do abstrato que se concretiza socialmente;
- o enciclopedismo de fachada.

b. Fatores de fragmentação do cotidiano (no seio da homogeneidade)
- as múltiplas separações, segregações, disjunções, tais como: privado/público, concebido/vivido, natural/técnico, estrangeiros/cidadãos etc.;
- os espaços especializados de forma a estabelecer guetos;
- a divisão do trabalho;
- a atenuação do contraste entre os momentos fortes (sagrados) e os momentos fracos do cotidiano; multiplicação crescente de instantes neutros, indiferentes;
- a separação e disjunção social entre os trabalhadores protegidos (por sindicatos, estatutos) e os outros, menos ou nada protegidos.

c. Fatores de hierarquização do cotidiano
- a hierarquia multiforme das funções, dos trabalhos, dos lucros, que se estende aos objetos: carros, habitações, vestimentas etc.;
- a hierarquia dos lugares, das "propriedades", das qualidades reconhecidas aos indivíduos e aos grupos;
- a sociedade como morfologia hierárquica estratificada, a níveis superpostos;
- o corte dos tempos pelas mídias, difundindo as representações fragmentárias completadas por ilusórias visões globais;
- a hierarquia do saber, o fundamental e o aplicado, o importante e o sem importância, o essencial e o anedótico;
- a hierarquia nas empresas, nas oficinas e nos escritórios (na burocracia, malgrado ou sobretudo na homogeneidade da prática e na ideologia "competência-realização");

- os graus da "participação" no poder e nas tomadas de decisões, as migalhas de autoridade ao poder soberano etc.;
- a burocracia, a serviço da tecnocracia (não sem conflito), que vem tratar o cotidiano e as pessoas no cotidiano como a matéria-prima de seu trabalho, como uma massa a "tratar": como um povo a assistir; que, entretanto, tende a fazer cumprir por seus "sujeitos" seu próprio trabalho de registro e de inscrições, papéis de toda sorte a preencher.

Na análise que promovemos sobre as escolas identificamos a presença de vários dos fatores arrolados por Lefebvre como ocasionadores da homogeneização, fragmentação e hierarquização do cotidiano. Os fatores assim identificados e outros que se agregaram à análise mostraram como o cotidiano escolar era impelido para a cotidianidade. Todavia, a análise mostrou também que a presença desses fatores não dominava todo o cotidiano. Ao mesmo tempo que existiam fatores que levavam a escola para a cotidianidade, outros fatores, processos ou práticas resistiam à cotidianidade e indicavam pistas de transformações do cotidiano escolar. Lefebvre também analisou os movimentos de resistência do cotidiano, relacionando algumas linhas de ação que se opõem ao esquema geral apresentado; ele os denomina fatores de oposição, que reproduzimos, em seus aspectos gerais, a seguir.

2.2. Fatores de oposição à homogeneidade, fragmentação e hierarquização do cotidiano

Estes fatores ou linhas de ação, para Lefebvre, são: as *diferenças* contra a homogeneidade, a *unidade* contra a fragmentação e a cisão e a *igualdade* contra a hierarquia.

As diferenças contra a homogeneidade podem ser identificadas pelas diversidades que penetram as classes, as hierarquias, as desigualdades.⁹ A unidade contra a fragmentação pode ser determinada pelas contradições dialéticas que acontecem no curso da busca e realização da unidade. A igualdade contra a hierarquia pode ser identificada na tentativa, não de nivelar a sociedade, mas de fortificar o social no que diz respeito ao nível mediador entre o econômico e o político, estes, fatores de desigualdade.

O combate das forças que se opõem aos fatores que submetem o cotidiano (homogeneidade, fragmentação e hierarquização), segundo Lefebvre, implica uma concepção dialética (e não lógico-estática):

a) da "centralidade" no tempo e no espaço (multiplicidade dos centros, mobilidade, dinamismo);

b) da "subjetividade", referente não aos egos individuais, mas aos sujeitos coletivos (trabalhadores das empresas, habitantes das cidades, assim como a classe trabalhadora como autônoma), reconstruídos segundo conceitos renovados;

c) da "socialidade", oposta, não ao indivíduo, mas ao Estado, de um lado (portanto, ao político, considerado como redutor), e ao setor econômico, de outro, considerado como abstração (troca e mercadoria, dinheiro, divisão do trabalho etc.) (Lefebvre, 1981, III, p. 89).

Na análise a que procedemos sobre o cotidiano escolar identificamos fenômenos relacionados à "centralidade", "subjetividade" e "socialidade". Entretanto, somente uma explicação histórico-dialé-

---

9. Diferenças devem ser distinguidas das particularidades. *Particularidades* se definem pela natureza e pela relação à natureza do ser humano social; consistem, pois, em "realidades biológicas e psicológicas", dadas e determinadas, como etnia, sexo, idade. *Diferenças*, por outro lado, definem-se socialmente, nas relações sociais. Ao contrário das particularidades, as diferenças não se isolam, mas tomam lugar no conjunto. É no curso das lutas das particularidades (etnias, povos, classes, categorias) que nascem as diferenças. Para Lefebvre, a "teoria da diferença" ficou ignorada, nesses últimos anos, por razões políticas (tanto da direita quanto da esquerda) e por razões científicas, onde a ideologia da cientificidade tem tentado substituir a diferença pela distinção (Lefebvre, 1981, III, p. 111-122).

tica pode sugerir que tais fenômenos sejam indício de transformação e não apenas de reprodução da ordem vigente. Os fenômenos escolares percebidos apenas na fotografia de um momento não possibilitam a compreensão totalizadora e mais real dos mesmos. Para tal, é necessário que também sejam identificados os movimentos contraditórios que os fazem moverem-se, seja no momento estudado, seja em momentos sucessivos, historicamente considerados.

Os conceitos formulados por Lefebvre até aqui apresentados podem ser tomados como referência para a análise da vida cotidiana nos contextos mais diversos. Na tentativa por nós realizada de investigar o cotidiano das escolas utilizamos os conceitos formulados por ele, assim como conceitos de outras fontes sugeridos no próprio processo de análise. Entretanto, como afirmamos no início desta seção, acreditamos que a cotidianidade pode ser melhor apreendida se analisarmos, além de suas características, também suas manipulações. Ainda aqui Lefebvre apresenta contribuição importante ao apontar que essas manipulações podem ser alcançadas pelo estudo das representações. Esta suposição veio ao encontro dos nossos propósitos de analisar as representações dos sujeitos que viviam a cotidianidade escolar. Além disso, o estudo das representações nos possibilitou avançar no entendimento da própria escola. Na próxima seção trataremos de algumas questões teóricas relativas à representação.

3. As representações e a manipulação do cotidiano

O cotidiano programado, ou seja, a cotidianidade, instaurada e consolidada no mundo moderno urbano, apresenta-se como o império das representações.[10]

No cotidiano, as representações nascem e para ali regressam. No cotidiano, cada coisa (automóvel, edifício, peça de vestuário etc.)

---

10. A discussão sobre "representação" aqui desenvolvida baseia-se fundamentalmente na argumentação teórica elaborada por Lefebvre (1983).

é acompanhada de representações que mostram qual é o seu papel. A publicidade, os modelos chamados "culturais" introduzem no cotidiano necessidades que fazem nascer novas representações e, na convergência das representações, o cotidiano se programa.

As representações se formam entre o vivido e o concebido, diferenciando-se de ambos. O concebido, por um lado, constitui o discurso articulado que procura determinar o eixo do saber a ser promovido e divulgado. Representa, assim, o ideário teórico de uma época. O vivido, por outro lado, é formado tanto pela vivência da subjetividade dos sujeitos quanto pela vivência social e coletiva dos sujeitos num contexto específico.[11]

O concebido e o vivido se relacionam em movimento constante e dialético e entre ambos as representações fazem as vezes de mediadoras (Lefebvre, 1983, p. 223). Entre as representações que se formam entre o vivido e o concebido, algumas se consolidam, modificando o concebido e o vivido; outras circulam ou desaparecem sem deixar pistas.

"Representação", para Lefebvre, é o terceiro termo que se forma a partir da dupla "representante-representado", largamente discutida na filosofia. O terceiro termo aqui é o outro, que implica relação tanto com o outro presente (vivido) quanto com o outro ausente (concebido) (1983, p. 255). Assim é que as representações ocupam os intervalos, os interstícios entre o sujeito e o objeto clássicos, entre a presença e a ausência, entre o vivido e o concebido (1983, p. 96-7).

Na modernidade, presenciamos a primazia do saber, do concebido sobre o vivido, através da superestimação da lógica, do discurso, da representação em geral. Todos os meios são empregados para expulsar o indivíduo, junto com as diferenças. Para Lefebvre, este projeto subjacente à modernidade, da absoluta primazia do saber,

---

11. Concordamos com Lefebvre, para quem a vivência não coincide com o singular, com o individual, com o subjetivo, pois as relações sociais também são vividas antes de serem concebidas. Para ele, existe a vivência social vinculada com o individual, porém diferente de sua singularidade (Lefebvre, 1983, p. 223).

da razão, da ciência e da técnica, suscitou a contrapartida: o antissaber, a antirrazão, a antiteoria (1983, p. 212). Para ele, é conveniente não cair no outro lado, no irracional, na apologia do simbolismo, do negativismo. Lefebvre lembra que, no nosso mundo, enquanto os pensadores têm absolutizado o concebido, os artistas têm partido da vivência. Há que relativizar, dialetizando o saber e sua relação com a vivência, sem excluí-la (1983, p. 215). Partir do vivido, sem rechaçar o concebido, reconhecendo a fragilidade da vivência, sua vulnerabilidade — sem pretender apreendê-la com as "pinças dos conceitos", sem reduzi-la (1983, p. 215).

3.1. As representações, o vivido e a obra

À medida que as representações não são sinônimo do vivido, elas não alcançam a realidade que se vive. Uma realidade específica, entendida como "presença" única (por exemplo, a realidade escolar), é uma obra socialmente construída por aqueles que a vivenciam. O conceito "obra" inclui desde a obra de arte, o urbano, o monumental, a sociabilidade e a individualidade, o cotidiano e o insólito, as instituições, a linguagem, até o Estado (que, aliás, para Hegel, é a obra suprema).

Voltamos a lembrar aqui a distinção, anteriormente registrada, entre os conceitos "obra" e "produto", onde o primeiro designa aquilo que é único e o segundo, aquilo que é reprodutivo.[12] A obra possui uma presença enquanto o produto permanece no meio das representações. A obra, portanto, situa-se além das representações, apesar de estas circularem ao seu redor.

Lefebvre discute o conceito "representação" junto com o conceito "obra" por dois motivos. Primeiro, porque a obra esclarece as representações, pois as atravessa, utiliza-as e supera-as. Segundo, porque a representação esclarece a obra, de forma não suficiente, mas necessária,

---
12. Veja-se nota 6.

já que faz remeter à prática, à produção e à criação. Apesar de a produção e a criação se distinguirem consideravelmente, a criação implica-explica a produção e o trabalho produtivo (Lefebvre, 1983, p. 243).

Pelo fato de entendermos a obra situando-se além das representações é que, neste estudo, analisamos as representações dos sujeitos sobre a escola, confrontando-as com a descrição constitutiva da obra nas quatro escolas: cada escola é obra única e se situa além das representações.

As representações circulam ao redor de coisas fixas: instituições, símbolos, arquétipos. Interpretam a vivência e a prática, intervêm nelas sem por isto conhecê-las e dominá-las. Também em relação à obra-escola, as representações pululam, ou seja, as pessoas que se utilizam de alguma forma desta obra interpretam-na, explicando, desse modo, a vivência (vivências) e a prática aí realizadas. Entretanto, a interpretação que as pessoas estabelecem sobre a obra não lhes possibilita conhecê-la e dominá-la.

3.2. Problematizações sobre o conceito de representação

As representações não se distinguem em verdadeiras e falsas. Elas podem ser, ao mesmo tempo, falsas e verdadeiras, ou seja, verdadeiras como respostas a problemas "reais" e falsas como dissimuladoras das finalidades "reais". As representações se distinguem em estáveis e móveis, em reativas e superáveis, em alegorias e em estereótipos incorporados de maneira sólida em espaços e instituições (Lefebvre, 1983, p. 24). Isto aproxima as representações da ideologia. Entretanto, afirmando que Marx e os marxistas confundiram frequentemente ideologia e representação, Lefebvre as distingue, considerando que o conceito de ideologia pode ser reconstruído a partir da teoria (crítica) das representações (1983, p. 15, 25 e 69). "Rica e confusa, a representação envolve e inclui a ideologia, empobrecida e clarificada. A eficácia da abstração e da ideologia provém das representações que persistem nelas, mais ou menos reconhecíveis.

Eficácia ou efeito, em torno do qual gira, sem apreendê-lo, a concepção habitual da ideologia" (1983, p. 69).

As representações possuem caráter paradoxal: não são "fatos sociais", pois não possuem consistência própria; não são "fatos psíquicos", ainda que motivem os atos, pois só surgem na relação; não são "fatos de linguagem", ainda que o discurso seja seu suporte. As representações não podem reduzir-se nem a um veículo linguístico nem a seus suportes sociais; para captá-las é necessário estudar o discurso e a prática social correspondente e, por isso, Lefebvre (1983, p. 95 e 199-200) se refere a elas como "fatos de palavras e de prática social". Concordamos com Lefebvre e, neste estudo, as representações dos agentes pedagógicos investigados estarão sempre se referindo às práticas por eles desenvolvidas no cotidiano escolar.

Cientes da controvérsia que cerca o conceito de representação no discurso filosófico, aceitamos a afirmação de Lefebvre para quem nem a filosofia nem a história do conceito podem colocar ou resolver a problemática da representação. Para ele, a teoria do conhecimento não basta e há que incluir uma teoria do desconhecimento. Considera que os elementos de uma teoria do desconhecimento se encontram na filosofia clássica e moderna, porém o filósofo, no sentido tradicional, não pode levá-la a cabo por falta de experiências políticas, práticas e ideológicas. À filosofia, afirma Lefebvre, há que adicionar hoje em dia o conhecimento crítico dos meios de comunicação de massa e, sobretudo, a análise política. Aí surge uma dificuldade e uma necessidade: partir da filosofia toda, de seu paradigma; depois, sair dela sem perdê-la de vista e do pensamento (Lefebvre, 1983, p. 26). Neste empenho reside uma das dificuldades discutidas por Lefebvre e que se refere à contradição cada vez mais manifesta do mundo moderno: por um lado, a abundância de representações e sua utilização desaforada; por outro, o esgotamento das representações, seu desgaste e o esforço em renová-las.

Essas considerações de Lefebvre sobre a abundância, esgotamento e renovação das representações no mundo moderno nos remetem à afirmação exposta já em 1848 por Marx e Engels a propósito da constante renovação e esgotamento dos instrumentos de produção e das relações no seio do capitalismo florescente. Esses autores afirmam:

> "A burguesia só pode existir com a condição de revolucionar incessantemente os instrumentos de produção, por conseguinte, as relações de produção e, com isso, todas as relações sociais (...). Essa revolução contínua da produção, esse abalo constante de todo o sistema social, essa agitação permanente e essa falta de segurança distinguem a época burguesa de todas as precedentes. Dissolvem-se todas as relações sociais antigas e cristalizadas, com seu cortejo de concepções e de ideias secularmente veneradas; as relações que as substituem tornam-se antiquadas antes de terem um esqueleto que as sustente. Tudo o que era sólido e estável se evapora, tudo o que era sagrado é profanado e os homens são, finalmente, obrigados a encarar com serenidade suas condições de existência e suas relações recíprocas".[13]

Ao analisarmos o discurso cotidiano, especialmente ao constatarmos o uso cíclico de palavras e conceitos utilizados pelos indivíduos ao explicar os fenômenos educacionais, revela-se a intensa transitoriedade, desgaste e renovação das representações, que acompanham o desgaste e renovação de todas as relações sociais no mundo moderno.

A análise das representações de agentes pedagógicos a que procedemos neste estudo teve por objetivo distinguir as representações estereotipadas e mistificadoras que bloqueavam ações transformadoras daquelas que, apresentando-se como produto de reflexão, contribuíam para o aparecimento de ações que possibilitavam à escola mudar e cumprir sua tarefa de ensino.[14]

---

13. Marx & Engels (1987, p. 79). Essa passagem do *Manifesto* foi recentemente utilizada como tema central de uma publicação de grande tiragem (Berman, 1986).

14. Não nos estenderemos aqui sobre questões metodológicas além das já enunciadas. Queremos registrar apenas que, dado o caráter da abordagem antropológica dialética adotada, as hipóteses de trabalho tomaram a forma de proposições diretrizes e, com essa natureza, orientaram a análise dos dados empíricos. Mais detalhes sobre essas questões são discutidos no trabalho original (Penin, 1987).

SEGUNDA PARTE

A História e as Obras

Quanto tempo
Duram as obras? Tanto quanto
Ainda não estão completadas
Pois enquanto exigem trabalho
Não entram em decadência.

....

Quem dará duração às obras?
Os que viverão no tempo delas.
Quem escolher como construtores?
Os ainda não nascidos.

Não deves perguntar: como serão eles? Mas sim
Determinar.

Bertold Brecht

A vida cotidiana é, ao mesmo tempo,
reflexo e antecipação da História.

Antonio Gramsci

CAPÍTULO III

O contexto histórico do cotidiano escolar

Discutimos a relação recíproca existente entre a sociedade ou realidade histórica e a vida cotidiana. Assumimos que o conhecimento da sociedade implica o conhecimento da vida cotidiana e que o conhecimento da vida cotidiana implica o conhecimento da sociedade. Com base nesta crença inserimos o cotidiano das escolas investigadas em 1980 num contexto mais amplo, tendo como referência o período histórico que se inicia com a data em que foram criadas as duas escolas mais antigas, ou seja, 1964.

O significado histórico do período entre 1964 e 1980 pode ser melhor compreendido se examinarmos as principais mudanças ocorridas no país em termos políticos, econômicos e educacionais.

Em termos políticos, o período em questão corresponde à quase totalidade dos anos em que o país viveu sob o regime político autoritário. Este regime teve início com o golpe militar de 31 de março de 1964 e terminou oficialmente com a eleição indireta de um presidente civil em 1984. Entretanto, convencionou-se chamar a época após 1980 de "abertura democrática", quando foi apresentada (ou conquistada) a possibilidade de eleições diretas para governadores, ocorridas em 1982.

Em termos econômicos, o período entre 1964 e 1980 esteve ligado às características do desenvolvimento econômico iniciado em 1950 e que, com algumas mudanças no modelo, chegou a 1980. As características deste desenvolvimento econômico, aliadas à conjuntura política dominante, determinaram em grande parte as mudanças sociais e educacionais no período.

Neste capítulo apresentaremos as características que entendemos como centrais no desenvolvimento econômico desse período e que orientaram mudanças sociais em nível urbano, populacional e, em grande medida, educacional. Não nos propusemos um trabalho exaustivo; ao contrário, procuramos identificar apenas os indicadores que, a nosso ver, determinaram a configuração histórica do período.

1 . O desenvolvimento econômico brasileiro entre 1964 e 1980

Em termos econômicos, uma característica do desenvolvimento brasileiro permanece em todo o período que vai desde a época da criação das escolas mais antigas investigadas (1964) até a época da nossa pesquisa do cotidiano das quatro escolas (1980). Esta característica refere-se ao rápido incremento da industrialização no país, tendo seu surgimento antes de 1964, mais especificamente, na década de 1950. Apesar de mudanças no modelo econômico e crises localizadas, ela está presente, em suas bases gerais, até hoje (1988).

A época da criação de duas escolas (1964) coincidiu com o golpe militar no Brasil. Segundo Celso Furtado (1982, p. 37), naquele ano, o Brasil vivia um momento crítico para tomar decisões sobre o modelo econômico a seguir. Para ele, no início dos anos 1960, o Brasil havia alcançado um ponto em seu processo de industrialização que impunha uma política mais ampla e decidida. Se o objetivo era preparar o sistema econômico para alcançar níveis mais altos de desenvolvimento, fazia-se necessário reforçar sua capacidade de autotransformação e também definir melhor os objetivos a alcançar. Entretanto, segue o autor, as modificações institucionais introduzidas entre 1964 e 1967 revelaram a intenção do novo governo militar de orientar o desenvolvimento segundo as forças do mercado, asseguradas pela implantação de sucessivas leis específicas que beneficiaram sobretudo as empresas transnacionais e os intermediários financeiros.

Nessa época, especialmente entre 1967 e 1973, deu-se o extraordinário crescimento da produção manufatureira brasileira chamada "milagre". Segundo Celso Furtado, tal "milagre" foi fruto do aproveitamento da poupança externa (emprestada a juros altos, que aumentou de forma gradativa, mas violenta, nossa dívida externa) e não por real crescimento econômico.

Em nível da população assalariada, o modelo impôs o também chamado "arrocho salarial", o que levou contingentes populacionais enormes a viver miseravelmente. De qualquer forma, a ilusão de crescimento perdurou, a industrialização cresceu quantitativamente, oferecendo emprego e salário baixo no bojo de seu crescimento. Este crescimento resultou em mudanças do cenário brasileiro em vários aspectos. Vejamos, a seguir, o que aconteceu na fisionomia urbana da cidade de São Paulo e no âmbito da educação escolar, como resultado do quadro econômico descrito.

2. A urbanização da cidade de São Paulo no período 1950/1980

> ... (de uma cidade a história
> Depressa muda mais que um coração infiel).
>
> *Charles Baudelaire*

O processo de industrialização do nosso país teve seu espaço vital na cidade de São Paulo. Os marcos do início da industrialização na década de 1950 foram as instalações da primeira indústria automobilística, as da primeira grande refinaria de petróleo. e as de uma das grandes siderúrgicas brasileiras, Volta Redonda. A instalação deste polo industrial ao redor ou próximo à cidade de São Paulo é explicada devido aos excedentes econômicos acumulados pelas elites paulistas ligadas à agricultura cafeeira, desde o chamado ciclo econômico de café (Furtado, 1968, cap. XXXII). O funcionamento do polo industrial ocasionou a aceleração do crescimento industrial em São Paulo e marcou a cidade — espaço geográfico das quatro escolas pesquisadas — com profundas transformações urbanísticas e humanas a partir da década de 1950. Tal fato provocou movimento migratório intenso para São Paulo, proveniente principalmente das regiões mais pobres do país. Em consequência, a fisionomia da cidade de São Paulo mudou, apresentando-se como vasto conglomerado, com uma população que passou de 1.847.580 em 1947 a 8.493.226 em 1980. A tabela abaixo mostra o crescimento no período.

TABELA 1
População e taxa de crescimento médio anual nos anos
de 1947, 1960, 1970 e 1980 no município de São Paulo

Ano	População	%	Taxa de crescimento médio anual
1947	1.847.580	100	—
1960	3.851.664	100	1960/1947 — 5,8%
1970	5.924.615	100	1970/1960 — 4,79%
1980	8.493.226	100	1980/1970 — 3,67%

Fontes: População:
- 1947/1960: SEADE, 1979, *apud* Sposito (1984, p. 32).
- 1970/1980: Cidade de São Paulo, Secretaria Municipal de São Paulo, *Plano Trienal 1985/1987*, p. 161.

Taxa de crescimento médio anual:
- 1970/1960 e 1980/1970: Cidade de São Paulo, Secretaria Municipal de São Paulo, *Plano Trienal 1985/1987*, p. 161.
- 1960/1947: calculado pela autora.

A cidade passou, no curso dos anos estudados, por um crescimento desmesurado e caótico. O desenho urbano foi ampliado nas suas extremidades e, nessa região, denominada "periferia", apareceram novos bairros: alguns, surgindo após loteamento promovido pelas imobiliárias, outros, em terrenos tomados clandestinamente.[1] Nesses bairros, a carência de infraestrutura era total: faltavam transportes, ruas demarcadas, água encanada, coleta de lixo etc. Aí foi residir a mão de obra necessária à concretização do novo modelo de desenvolvimento brasileiro. Vejamos como era a população em 1980.

2.1. A população da cidade de São Paulo em 1980

O número de habitantes da cidade de São Paulo em 1980 — aproximadamente 8.500.000 — era o maior do país, representando um terço da população de todo o estado.

A participação da população economicamente ativa (PEA) na população total era mais alta do que a registrada, seja para o Brasil, seja para o estado de São Paulo, seja para a Grande São Paulo (Cidade de São Paulo, 1985, p. 13). Entre a população economicamente ativa era elevado o número de jovens que trabalhavam, estando 8,3% na faixa entre dez e dezessete anos (1985, p. 15). Comparando a distribuição de jovens que trabalhavam com as diversas regiões, observamos que, nos bairros periféricos, a taxa de participação dos jovens chegava a 13% e, nos bairros mais centrais, ela não passava de 4% (1985, p. 15).

Apesar de a cidade possuir o maior contingente relativo de população economicamente ativa no país, a remuneração recebida por grande parte era muito baixa: 37,7% recebiam até dois salários mínimos, 36,6% recebiam de dois a cinco salários e 74,3% recebiam até cinco salários mínimos. Da mesma forma que a proporção de jovens que trabalhavam, a proporção de indivíduos que recebiam salários baixos era maior nos bairros periféricos, chegando, em alguns bairros, a atingir 60,8% a proporção de pessoas que recebiam até dois salários mínimos mensais.

---

1. Sobre o surgimento e conotação da palavra "periferia", consultar Camargo et al. (1976, p. 25).

Considerando a renda familiar, ainda assim a proporção do rendimento era assustadora. Em 1980, 11,7% das famílias do município contavam com rendimento médio familiar de até dois salários mínimos. Repetia-se com este indicador a desigualdade entre as diversas regiões da cidade: em regiões periféricas, a população cujo rendimento chegava a até dois salários mínimos compunha 18,9%; em outras regiões, a população com tal rendimento compunha 3,3%. Inversamente, 9% das famílias do município contavam com rendimento mensal familiar de mais de vinte salários mínimos, sendo que de 0,7 a 2,6% residiam nas regiões periféricas e uma proporção de até 45% residia em regiões centrais (1985, p. 15-7). Dados relativos ao analfabetismo mostram que o índice em 1980 era 13,2% do total de pessoas de cinco anos ou mais e se mantinha a disparidade regional já discutida (1985, p. 17).

Essas diferenças nas condições de vida da população paulistana em 1980 espelhavam o processo de urbanização descrito, que, por sua vez, refletia o modelo de crescimento econômico adotado no período. Assim como a urbanização, a educação passou por carências de várias ordens.

3. A educação no país e na cidade de São Paulo no período 1950/1980

Analisaremos a evolução do desenvolvimento educacional a partir de alguns indicadores: crescimento de número de vagas e prédios escolares, regulamentação escolar básica, crescimento do número de matrículas comparado ao índice de rendimento escolar dos alunos, percentual de gastos da União com a educação. Entendemos que, tomando por base estes indicadores, podemos chegar a algumas conclusões sobre os resultados quantitativos e qualitativos da educação escolar no período. Veremos também que os resultados qualitativos, em grande número de casos, emergem dos dados quantitativos; por exemplo, o índice de gastos da União com a educação é indicador da má remuneração do professor, más condições de trabalho na escola, mau atendimento aos alunos, entre outros fatores, o que reforça as condições gerais de má qualidade do ensino.

3.1. O crescimento de vagas e prédios escolares de 1950 a 1980

A migração de grandes contingentes populacionais para a cidade de São Paulo, acentuada a partir da década de 1950, ocasionou, entre outras carências, a falta de prédios escolares para abrigar alunos matriculados nas escolas de 1º grau. Estudos realizados mostram que a partir de 1950 houve mudança significativa no número de matrículas no 1º grau (este, até 1971, abrangia apenas as séries de 1ª a 4ª) (Sposito, 1984, p. 37). Tal fato forçou o serviço público a adotar o sistema de construção escolar baseado em galpões de madeira. Entretanto, apesar do sistema adotado, o ritmo de construção de galpões nunca conseguiu atender à demanda.

Em 1956, foi criado o Ensino Municipal e a Prefeitura iniciou atividade independente do Estado na oferta de escolaridade elementar à população. Devido a divergências entre o poder estadual e municipal, as novas escolas eram instaladas sem planejamento, ocorrendo multiplicação de criação de classes em lugares onde não havia demanda e ausência de criação de classes em lugares mais procurados. Apesar de todos os desencontros entre os dois poderes, a década de 1950 presenciou o aumento de novas unidades escolares na cidade de São Paulo. Em 1961, a deficiência de vagas girava, segundo Sposito (1984, p. 40), em torno de 10% da população escolarizável.

Em toda a década de 1960, a evolução dos serviços educacionais continuou praticamente igual à da década anterior, apesar da criação, em 1960, do Fundo Estadual de Construção Escolar (FECE), que deveria programar a construção de escolas. Durante toda a década de 1960, as instalações de escolas foram improvisadas. Em 1967, cerca de trinta e uma unidades escolares da Grande São Paulo funcionavam em regime de quatro períodos.

Os problemas de instalação escolar da década de 1960 continuaram na primeira metade da década de 1970 e modificaram-se substancialmente na segunda metade.

A segunda metade da década de 1970, até mais ou menos 1982, presenciou grande aumento na oferta de vagas. Houve o que se denominou "democratização quantitativa" da escola, quando grande contingente dos filhos das pessoas de baixa renda pôde matricular-se na escola pública. Essa democratização quantitativa, já bastante debatida pelos educadores, deu-se, em parte, pelo interesse do governo em escolarizar a mão de obra necessária à produção industrial e, em parte, pelas reivindicações por escola, organizadas pela população dos bairros periféricos. O aumento de vagas, entretanto, aconteceu também à custa da diminuição dos salários dos professores e da deterioração das condições de trabalho na escola. De fato, a década em que mais se construíram escolas foi aquela em que as dotações da União para a educação foram as mais baixas.

O planejamento para a construção dos prédios escolares era quase nulo. A expansão da cidade para a periferia era constante, bairros eram formados "quase do dia para a noite" (conforme depoimento de um delegado de uma dessas regiões) e as escolas eram instaladas primeiro em barracões — segundo o modelo dos anos 1940 — até a construção dos prédios de alvenaria. As condições de conservação e manutenção dos prédios eram deficientes, pela falta de verbas.

Apesar da expansão de oferta de vagas no final dos anos 1970, muitas escolas da periferia não puderam atender à demanda em 1980. À falta de classes, novos problemas se interpunham. Um deles era a grande quantidade de alunos repetentes nas primeiras séries que disputavam lugar com os novos no ano seguinte. Outro problema relativo à dificuldade de atendimento à demanda pode ser computado à extensão da escolaridade obrigatória ocorrida com a reforma de ensino de 1971, apresentada a seguir.

3.2. Regulamentação escolar básica

Desde 1961, toda a organização escolar era regida pela Lei n. 4.024, que fixou as Diretrizes e Bases da Educação Nacional. Com o governo militar, esta organização foi revista e, entre as inúmeras leis, decretos e pareceres que foram sendo emitidos, duas leis tiveram destaque: a Lei n. 5.540, de 1968, e a Lei n. 5.692, de 1971. A primeira reformava o ensino universitário e a segunda, o ensino de 1º e 2º graus, que nos interessa neste estudo.

Saviani (1976, p. 174-94) lembra que a reforma do ensino de 1º e 2º graus, ocorrida em meio à euforia do "milagre brasileiro" do governo Médici, recebeu apoio entusiástico dos professores quando foram mobilizados para a cruzada da reforma em 1972. Os desacertos da implantação da reforma e a revisão mais profunda e crítica de seus propósitos contribuíram para que, nos últimos governos militares, ela fosse questionada, primeiro tímida e depois mais enfaticamente. Não é nosso objetivo discutir a reforma de ensino de 1971, mas apenas lembrar as mudanças fundamentais ocorridas na organização do ensino de 1º grau que influíram no cotidiano das escolas. Essas mudanças foram duas: organização curricular e organização dos cursos. Quanto à organização curricular, três pontos básicos a nortearam. Primeiro, o currículo deixou de ser unificado para todo o território nacional, sendo definido um núcleo comum básico para cada grau em todo o país e uma parte diversificada, determinada pela escola, aproveitando sugestões do Conselho de Educação de cada estado. Segundo, houve introdução na grade curricular, de forma obrigatória, das disciplinas (ou atividades ou áreas de estudo) de Educação Moral e Cívica, Educação Física, Educação Artística, Programas de Saúde e Ensino Religioso, este facultativo aos alunos. Finalmente, no 2º grau, houve diversificação das matérias destinadas à formação específica de orientação profissionalizante.

Quanto à organização dos cursos, a mudança radical estabelecida em lei foi a unificação dos antigos cursos primário (1ª à 4ª séries) e ginasial, transformados em curso de 1º grau, com oito anos de duração. Esta ampliação do 1º grau trouxe um ganho político indiscutível para a luta pela democratização do ensino, pois ampliou o ensino elementar obrigatório de quatro para oito anos. Entretanto, tal obrigatoriedade não foi suficiente para o Estado atender todas as crianças de sete a quatorze anos. A descrição das escolas, apresentada nos próximos capítulos, mostrará as dificuldades que cada uma enfrentou para efetivar tal obrigatoriedade.

Ao nível mais concreto das escolas, a reforma, principalmente a extensão do 1º grau, forçou a redistribuição da rede física. Escolas primárias e ginasiais sediadas em estabelecimentos distintos tiveram que obedecer a uma só organização. Esta unificação, ocorrida basicamente em 1975, foi um processo bastante sofrido pelos seus integrantes, pelo fato de que pressupôs a escolha entre um dos dois diretores atuantes (o do primário ou o do ginásio). O peso do critério "antiguidade na função" para a definição do diretor ocasionou que, na maior parte das escolas, o diretor do antigo primário assumiu todo o 1º grau. As dificuldades dessa unificação foram identificadas no estudo do cotidiano das duas escolas mais antigas de nossa investigação (Gama e Delta).

Além da mudança na organização escolar a partir da Reforma do Ensino de 1971 e da redistribuição da rede física em 1975, as escolas públicas estaduais estavam orientadas, em 1980, por diretrizes pedagógicas de organização escolar propostas em 1975 e pelo Plano Trienal 1977/1979. Em ambos os casos, o objetivo que o sistema perseguia era: diminuir as altas taxas de repetência e a evasão escolar.

Em 1975, a orientação estabelecida era que as escolas obedecessem ao que foi chamado "modelo pedagógico" de organização escolar. Este propunha o número máximo de trinta e cinco alunos por classe, três períodos de funcionamento nas escolas e nova sistemática de recuperação de alunos (contínua, ocupando salas ociosas e trabalho aos sábados). Já o Plano Trienal tinha como diretrizes básicas: prover as unidades escolares de especialistas e pessoal administrativo e estender a escolarização à população de seis anos. O estudo das escolas aqui realizado mostrou em que medida as diretrizes propostas oficialmente foram efetivadas.

3.3. O crescimento das matrículas e o rendimento escolar dos alunos de 1960 a 1980

Outro indicador do desenvolvimento educacional no período considerado foi o crescimento do número de matrículas comparado ao número de aprovações. A Tabela 2 mostra a evolução da matrícula e das aprovações em momentos distintos do período, fornecendo ainda elementos de comparação entre o rendimento da rede de ensino pesquisada (ensino público estadual) e a rede de ensino público municipal e a rede particular.

Os dados da Tabela 2 mostram que a produtividade da rede de ensino estadual sofreu queda significativa em 1975, obtendo melhora relativa em 1980, mas ainda assim muito baixa — a mais baixa entre as três redes. A outra rede de ensino público, a municipal, apresentou também baixa produtividade e variação do rendimento escolar dos alunos, ao contrário da escola particular, que não sofreu variações significativas no período estudado.

Muitos são os fatores já apontados para explicar a queda no rendimento escolar da escola pública e, ao longo deste estudo, ressaltaremos uns e reiteramos outros, partindo de dados concretos. De qualquer forma, podemos adiantar, de acordo com os dados da Tabela 2, que a escola pública não soube lidar com o novo perfil do aluno majoritário que ela começou a receber desde a década de 1970.

Outro fenômeno ligado à questão do rendimento escolar deve ser considerado. É o relativo à variação do rendimento escolar ao longo das oito séries do 1º grau. A Tabela 3 mostra essa variação no ano de 1980, quando as escolas foram pesquisadas. Apresenta dois

TABELA 2

Matrículas iniciais e aprovações de alunos do 1º grau, segundo as entidades mantenedoras, nos anos de 1961, 1966, 1970, 1975 e 1980, no município de São Paulo

Ano	Matrículas efetivas							Aprovações					
	Rede estadual	Rede municipal	Rede particular	Total	Rede estadual	%	Rede municipal	%	Rede particular	%	Total	%
1961	278.150	54.458	55.663	388.280	207.752	74,69	37.623	69,08	49.105	88,21	294.480	75,84
1965	380.921	53.223	83.688	518.209	285.339	74,90	38.871	73,03	72.031	86,07	396.610	76,53
1970	433.265	157.297	83.104	674.015	366.220	84,51	103.255	65,64	74.106	89,17	543.854	80,68
1975	846.597	278.739	141.713	1.267.153	465.684	55,00	186.843	67,03	120.581	5,08	773.108	61,01
1980	839.975	401.802	183.228	1.425.005	536.608	63,88	266.416	66,30	156.449	85,38	959.473	67,33

Fontes: 1961, 1966, 1970: Governo do Estado de São Paulo, Secretaria de Economia e Planejamento, Departamento de Estatística, *Anuário Estatístico* 1961, 1967, 1970, respectivamente.
1975: Governo do Estado de São Paulo, Secretaria de Economia e Planejamento, Estudo e Pesquisa 20, *Ensino de Primeiro e Segundo Graus, 1975-1978*.
1980: Governo do Estado de São Paulo, Secretaria de Estado da Educação, MEC/SEINF/SEEC — SE/SP, *Ensino de Primeiro Grau — Avaliação e Movimentação Escolar*, 1980.

Obs.: 1. Não foram considerados os dados da Rede Federal por representarem parcela muito pequena do total. Por exemplo, em 1966, a matrícula não chegou a 400 alunos, não crescendo a partir daí. A diferença pode ser calculada comparando-se o total com a soma das três redes de ensino consideradas.
2. Os cálculos das porcentagens são nossos.

TABELA 3
Média percentual das aprovações de alunos das oito séries do 1º grau, segundo as entidades mantenedoras, no ano de 1980, no município de São Paulo

Série	Promoção (%)			
	Estado	Município	Particular	Total
1ª	57,63	59,6	86,96	61,73
2ª	73,06	75,23	90,96	76,1
3ª	78,36	77,8	91,36	79,9
4ª	85,23	83,66	92,73	85,76
5ª	56,5	62,26	81,56	60,9
6ª	60,86	63,06	83,63	64,2
7ª	63,96	68,01	85,53	67,73
8ª	73,9	83,63	88,4	78,1
Total	67,63	70,4	87,87	71,03

Fonte: Governo do Estado de São Paulo, Secretaria do Estado da Educação, MEC/SEINF/SEEC — SE/SP, *Ensino de Primeiro Grau — Avaliação e Movimentação Escolar — 1980*.

Obs.: 1. Os cálculos finais das porcentagens são nossos.
2. A diferença entre os dados de promoção de 1980 da Tabela 3 e da Tabela 2 é devida ao cálculo desta tabela ter sido efetuado a partir dos dados de matrícula final e na Tabela 2 o cálculo ter sido feito a partir da matrícula inicial.

momentos críticos nas taxas de promoção. O primeiro é a baixa taxa de promoção na 1ª série, que confirma o que já foi registrado, ou seja, o "congestionamento" de alunos nesta série, provocando o não atendimento de toda a demanda de alunos que procuravam as escolas de periferia para serem matriculados na 1ª série. O segundo momento crítico é a 5ª série, cujo índice de promoção explicita a dificuldade de concretização dos ideais da escola de oito anos.

Problemas como esses poderiam ser contornados com planejamento educacional adequado e com verbas em quantidade suficiente para a educação. Vejamos como se apresentava a questão das verbas.

3.4. Gastos da União com a educação

A porcentagem de gastos que a União tem concedido de seu orçamento à educação é um indicador privilegiado para aferir as dificuldades do desenvolvimento educacional.

O Gráfico 1 mostra que entre 1960 e 1965, anos anteriores à mudança do regime político, houve tendência crescente na participação das verbas para a educação no orçamento da União. A partir de 1966, vigente a política do regime autoritário, a participação das verbas para a educação no total do orçamento da União começou uma tendência à diminuição, chegando ao seu ponto máximo em 1975, em plena vigência do "milagre econômico" e do aumento acelerado de construções escolares. De 1976 a 1979, as verbas voltaram lentamente a crescer com nova queda relativa em 1980, permanecendo sempre longe dos pontos alcançados na primeira metade dos anos 1960.

Comparando-se o aumento do número de matrículas nas escolas públicas de 1º grau na década de 1970 com a diminuição das verbas para a educação constatamos a convergência de fatores que determinam diminuição na oferta e qualidade de ensino. Além disso, a má qualidade de ensino é fruto de outras condições que dependem principalmente, da destinação de verbas, como construções escolares, salário do professor e número de alunos por classe.

Nos próximos capítulos veremos como quatro escolas, na singularidade de suas histórias e dinâmicas cotidianas, e por isso denominadas obras, lidaram com todas as carências e características do momento histórico mais amplo.

GRÁFICO 1
Evolução da participação das verbas no Ministério da Educação e Cultura (MEC) no orçamento da União, em porcentagem (1960-1980)

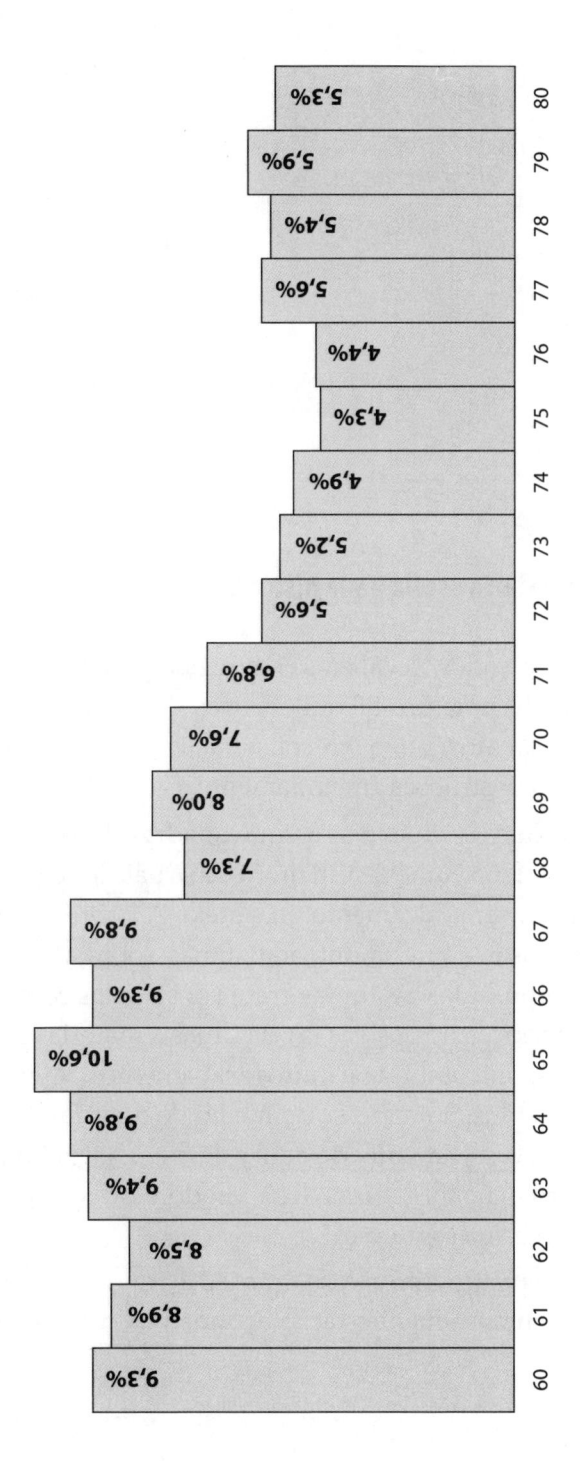

Ano	%
60	9,3%
61	8,9%
62	8,5%
63	9,4%
64	9,8%
65	10,6%
66	9,3%
67	9,8%
68	7,3%
69	8,0%
70	7,6%
71	6,8%
72	5,6%
73	5,2%
74	4,9%
75	4,3%
76	4,4%
77	5,6%
78	5,4%
79	5,9%
80	5,3%

Fonte: FIBGE, Anuário Estatístico do Brasil, in revista *Retrato do Brasil.* São Paulo: Editora Política, 1984.

CAPÍTULO IV

A obra Alfa

1. O texto social: a escola e sua história

"Vila Salvador" localiza-se em região periférica da zona sudeste da cidade, distante uns 30 quilômetros do centro de São Paulo.[1] Em 1980 era um bairro novo em constante crescimento, observado pelo número de construções em andamento.

A escola Alfa situava-se a vinte quadras da avenida principal de Vila Salvador, no cume de um morro. As ruas de acesso à escola eram esburacadas, sem calçamento ou sarjeta. A pobreza do local era evidente. As casas eram amontoadas umas sobre as outras dentro de terrenos minúsculos. Algumas eram construídas com madeira e lata, como os barracos típicos das favelas, mas a maioria era feita com tijolos vazados, sem pintura ou outros acabamentos. Muitas casas tinham dois pavimentos, notando-se domicílio de duas famílias. Havia muito lixo pelas ruas, amontoado aqui e ali. Não havia iluminação pública, uma das maiores queixas dos moradores, que temiam sair à noite por ameaça a sua segurança.

Contrastando com a desolação e desarmonia visual das construções havia intensa manifestação de vida nas ruas próximas à escola:

---

1. Os nomes das escolas e seus bairros são fictícios.

pessoas transitando, mulheres com seus filhos ao colo ou à volta, conversando com as vizinhas, garotos brincando na rua, homens trabalhando nas suas casas em algum melhoramento.

O prédio da escola não combinava com o padrão das construções à sua volta. Sua posição, no alto do morro, e sua arquitetura moderna e espaçosa, embora sem acabamento sofisticado, emprestava-lhe a ideia de um "monumento". Talvez a aparência da escola fosse um dos motivos que a fazia ser bem conceituada entre os moradores do bairro.

A escola Alfa, criada em 1976, não foi planejada com antecedência. Tanto como o bairro onde se situava, ela foi acontecendo, primeiro em barracões separados e, depois de um ano, em prédio próprio, única construção sólida no bairro improvisado com casas e barracos também improvisados que, com o tempo, passaram a ter o sentido de definitivos. O bairro onde a escola se situava foi se inchando, principalmente de migrantes que foram convergindo para a cidade e ocupando espaços disponíveis na periferia, no seio do movimento social mais amplo conhecido como "milagre econômico", que canalizou para São Paulo grande contingente de pessoas. No mesmo ritmo, a escola "inchou" (vide Tabela 4). Entre um período escolar e outro, o número de crianças transitando pelo pátio, corredores e arredores da escola — 1.400 alunos — lembrava a entrada de operários nas grandes fábricas. Para atender a este número de alunos a escola funcionava em três períodos. A falta de iluminação pública no bairro impedia a abertura do quarto período e obrigava a escola a matricular até quarenta e cinco alunos por classe para não recusar grande quantidade deles, infringindo assim o número máximo disposto no modelo pedagógico. A falta de espaço físico também provocou o não atendimento do modelo pedagógico quanto à sistemática de recuperação contínua.

2. O aluno da escola

A maioria dos alunos da escola vinha de famílias cujos pais possuíam pouca ou nenhuma escolarização e para quem a escola não era lugar familiar.

TABELA 4
Número de alunos e classes de 1976 a 1980 (Escola Alfa)

Série	1976 Março Nº de alunos	1976 Março Nº de classes	1976 Novembro Nº de alunos	1976 Novembro Nº de classes	1977 Março Nº de alunos	1977 Março Nº de classes	1977 Novembro Nº de alunos	1977 Novembro Nº de classes	1978 Março Nº de alunos	1978 Março Nº de classes	1978 Novembro Nº de alunos	1978 Novembro Nº de classes	1979 Março Nº de alunos	1979 Março Nº de classes	1979 Novembro Nº de alunos	1979 Novembro Nº de classes	1980 Março Nº de alunos	1980 Março Nº de classes	1980 Novembro Nº de alunos	1980 Novembro Nº de classes
1ª	434	11	413	—	569	15	549	—	919	22	810	—	736	18	711	—	799	20	661	—
2ª	266	t.	259	—	225	6	231	—	305	8	301	—	416	11	384	—	434	11	388	—
3ª	139	4	139	—	224	6	222	—	218	6	218	—	278	7	260	—	324	8	280	—
4ª	66	2	65	—	107	3	107	—	185	5	182	—	184	5	165	—	162	4	149	—
5ª					46	1	46	—	109	3	107	—	197	5	175	—	185	5	161	—
6ª									44	1	41	—	102	3	85	—	113	3	98	—
7ª													30	1	27	—	62	2	56	—
8ª																	23	1	23	—
Total	905	24	876	—	1.171	31	1.155	—	1.780	45	1.659	—	1.943	50	1.832	—	2.102	54	1.816	—

A proporção de pais analfabetos era um pouco maior que a média do país como um todo (17%, enquanto para o país, 16%). O índice aumentava entre os pais de alunos da 1ª à 4ª série, indicando seletividade intraescolar. Outros índices desta seletividade relacionavam-se à qualificação profissional e renda familiar dos pais. Quanto à qualificação profissional, 70% dos pais de alunos das primeiras séries exerciam ocupações de categoria semiqualificada para baixo, enquanto, dentre os pais de alunos das últimas séries, 40% trabalhavam em ocupações semiqualificadas e 40% em qualificadas. Quanto à renda familiar, 50%, dos pais dos alunos das primeiras séries se situavam na faixa de menos de um a três salários mínimos contra 33% dos pais de alunos das últimas séries.

O sonho dos migrantes, de escolarização dos seus filhos, logo era frustrado. Isto é, afirmado a partir dos dados referentes à trajetória escolar dos alunos e ao nível do seu rendimento escolar.

A trajetória escolar dos alunos era bastante acidentada. Mais de 75% estavam atrasados pelo menos um ano em relação à série ideal e 50% dois anos. A série mais discrepante era a 5ª, onde apenas 10% dos alunos estavam na idade ideal e 70% apresentavam pelo menos duas repetências na sua história escolar.

O rendimento dos alunos dessa escola pode ser melhor analisado a partir dos índices de promoção, repetência e evasão nos diversos anos de funcionamento, desde sua criação (Tabela 5).

Como se observa pela Tabela 5, os índices de promoção da escola como um todo decresceram violentamente (20%) de 1976 a 1978, subindo um pouco no ano seguinte e bem mais no final de 1980, não alcançando, contudo, o índice de 1976. A queda no índice de promoção foi acontecendo à medida que a escola foi atendendo o maior número de alunos. Nesses anos, a série com menor índice de promoção foi a 1ª, não passando até 1979 a marca de 50% e chegando a 52% em 1980. A 5ª série manteve uma média de 65% e a 6ª, 57% de aprovação nos três anos em que funcionou. Já a 7ª série, no seu primeiro ano de funcionamento obteve uma média de aprovação razoável para

TABELA 5
Resumo dos percentuais de promoção, repetência e evasão por ano e série (Escola Alfa)

Série	Promoção					Repetência					Evasão				
	1976	1977	1978	1979	1980	1976	1977	1978	1979	1980	1976	1977	1978	1979	1980
1ª	50%	40,36%	37,6%	43,6%	52%	50%	47,63%	51,3%	56,3%	35%		12%	6,3%	3,3%	11,8%
2ª	86%	63,08%	62,4%	63,2%	62,7%	14%	28,12%	37,5%	36,7%	32,6%		8,03%	6,5%	7,6%	4,6%
3ª	64%	64,01%	62,3%	60,0%	71,2%	16%	30,84%	27,0%	40,0%	19,5%	20%	5,14%	7,2%	6,4%	9,2%
4ª	90%	88,23%	82,4%	81,2%	72,2%	10%	6,86%	16,4%	18,1%	23,4%		4,90%	4,7%	10,3%	4,3%
5ª		82,60%	57,9%	56,5%	65,9%		8,69%	42,0%	43,4%	25,4%		8,69%	12,1%	11,1%	8,6%
6ª			41,4%	63,5%	67,2%			58,5%	36,4%	24,7%				16,6%	7,9%
7ª				81,4%	66,1%				18,1%	30,6%				10,0%	3,22%
8ª					78,2%					13,2%					8,6%
Total	72,5%	67,65%	52,9%	56,3%	67,06%	22,5%	24,4%	41,4%	43,6%	25,5%	5%	7,75%	6,05%	6,9%	7,2%

os padrões da escola (81,4%), mas caiu em 1980 (66,1%). Essa variação, que também se repetia em outros momentos e séries, mostra que o ensino e os critérios de avaliação e promoção necessitavam ser repensados em profundidade.

Comparando-se os dados do rendimento desta escola em 1980 com os dados médios da cidade como um todo (vide Tabela 3), vemos que o rendimento era menor nas três primeiras séries.

3. A situação e o momento institucional da obra

3.1. A situação da obra

Entendendo situação como as condições básicas de funcionamento da escola, possibilitadas fundamentalmente pelos recursos provindos do sistema e subsidiariamente pelos recursos gerados na própria escola, vejamos com o que a escola Alfa contava em 1980.

Devido principalmente à época em que a escola foi criada (quando os gastos da União com a educação eram muito baixos), os recursos físicos, materiais e humanos eram escassos. Além de ser extremamente pequena a verba oficial para os gastos com educação, esta verba era mal distribuída e mal gasta, já que era fornecida em parcelas com destinação rígida para os tipos de gastos, não possibilitando à direção utilizá-la conforme as necessidades mais prementes. Para que a escola funcionasse com o mínimo de condições, era necessário que os pais de alunos contribuíssem com a Associação de Pais e Mestres — APM (mantinham uma escriturária e três serventes) e que, junto com os educadores, dispendessem grande parte de seu tempo e esforço na promoção de eventos de arrecadação de fundos. Práticas neste sentido tinham o objetivo de assegurar a existência física da escola que, entretanto, não era suficiente para assegurar boa qualidade de ensino.

Outras dificuldades se acrescentavam às mencionadas em decorrência dos problemas originados no nível institucional: salas superlotadas, inexistência de pré-escola, impossibilidade de matricular crianças com menos de sete anos e mesmo com sete e de trabalho extra em nível de recuperação, falta de biblioteca e de recursos de atendimento médico e dentário.

Quanto aos recursos humanos pedagógicos, a escola contava com direção, assistente de direção, coordenadora pedagógica, coordenadora de saúde e professores. A diretora, com pós-graduação em Psicologia da Educação, possuía nível discrepante da maioria dos professores. Ela estava na escola desde 1977, sendo a terceira diretora da escola. Era consciente do seu papel de educadora, tendo em vista a realidade socioeconômica dos alunos e suas famílias. Não se ocupava de problemas pedagógicos diretamente, mas propunha estratégias de trabalho produtivas, como pedir aos professores sem preparo para assistirem às aulas dos professores mais experientes de outro período. Era a única pessoa que tomava iniciativas diferenciadas, mesmo entre os demais elementos técnicos.

A assistente de direção estava na escola desde sua criação. Respondia pela escola nas ausências da direção. Suas atitudes demonstravam desprezo pela escola.

A coordenadora pedagógica trabalhava na escola desde 1977. A existência desta profissional naquele local devia-se ao fato de a escola ser considerada carente, critério fundamental da rede de ensino para a designação da mesma. Havia muita queixa das professoras em relação ao trabalho da coordenação. De fato, de acordo com os registros de observação, durante certo tempo sua atividade consistia mais em dar apoio burocrático ao professor, tangenciando o problema do ensino.

As professoras constituem o recurso humano fundamental na escola e sua competência define, em grande medida, a qualidade do trabalho escolar. A competência da professora é determinada por vários fatores: situação funcional, escolaridade, formação e condições de trabalho, entre outros. Em 1980 havia, na escola, cinquenta e seis professoras e, apesar de trinta e duas serem efetivas, a rotatividade era grande, pois sempre que possível elas removiam-se para escolas mais centrais. Quanto à escolaridade, a maioria das professoras I havia obtido apenas o diploma do curso de preparação para o magistério. Constatamos que o nível de preparação das professoras I, especialmente as do segundo período, era muito baixo. Nos seus planos de ensino e mesmo na lousa foram observados muitos erros de ortografia e até de traçado de letras. Algumas professoras eram migrantes, de origem socioeconômica baixa, apresentando história de vida de muitos sacrifícios. Finalmente, era grande o número de faltas das professoras.

3.2. O momento institucional da obra

A carência de recursos de toda ordem (física, material e humana) constituía referência concreta para a atuação dos diversos elementos da escola. Mas esta atuação era definida por outros eventos de caráter institucional que também tinham manifestação concreta na escola. Entre esses eventos, medidas institucionais em nível da política de pessoal e da orientação pedagógica interferiram negativamente sobre o trabalho na escola.

A primeira medida de caráter institucional que interferiu na escola relacionou-se com a revogação, em março, da jornada dupla de trabalho, em períodos consecutivos. As professoras que iniciaram o trabalho em duas classes tiveram que deixar uma delas. Não se discute aqui o valor da medida — pois dobrar, sem descanso, a jornada de trabalho não é, em si, uma medida adequada —, mas sim o momento em que foi tomada, obrigando os alunos a nova adaptação com outra professora no segundo mês de aula e a coordenadora pedagógica a repetir a orientação para as novas professoras.

A segunda medida institucional que interferiu no trabalho pedagógico da escola relacionou-se à decisão de que as primeiras séries de várias unidades escolares da rede pública — a escola Alfa incluída — deveriam adotar novo programa de alfabetização. Novamente, não se questiona o valor pedagógico do programa e sim, a forma de adoção utilizada dentro do sistema de ensino.[2] A esta altura do ano, as professoras das primeiras séries já haviam planejado o trabalho do ano letivo e já estavam adiantadas no período preparatório para a alfabetização, dentro do método adotado. A adoção do novo programa propunha forma específica de preparação para a alfabetização, o que obrigava as professoras a retomarem as atividades tidas como de período preparatório, resultando em atraso no processo de alfabetização. Além disso, as professoras tiveram que passar por período de treinamento com o novo método, o que provocou desgaste por parte das mesmas, pois faziam isto em outro período. Havia ainda o agravante de que algumas orientações diferiam das já adotadas pelas professoras junto aos alunos e a experiência tem mostrado que pior do que a utilização de um ou outro método é a mistura de métodos no processo de alfabetização do aluno.

Durante as férias escolares de julho, uma terceira decisão em nível institucional veio alterar o ritmo de trabalho da escola. Diferindo dos anos anteriores, a Secretaria da Educação promoveu, em julho, escolha de classes para professores concursados e remoção. A escola em questão, por ser nova e de periferia, possuía, como vimos, grande número de professoras substitutas e grande parte dessas professoras foi substituída. A posse das professoras novas deu-se no primeiro dia do segundo semestre letivo e o início das aulas quatro dias depois. Entretanto, toda a primeira semana de aula foi muito confusa. Entre as professoras novas houve as que assumiram e não compareceram às aulas por estarem ajeitando sua vida particular e houve as que tentaram obter licença ou afastamento, pois não desejavam, nem podiam assumir as aulas. Muitas professoras novas efetivas só puderam assumir suas classes vinte dias depois, data limite

---

2. O programa em questão (denominado Alfa) foi elaborado por uma equipe da Fundação Carlos Chagas, que vendeu seus direitos autorais a uma editora. Esta, por sua vez, vendeu ao governo do Estado o material que editou, por alto valor, e através de uma troca comercial pouco esclarecida. Isto é colocado para exemplificar a interferência política em decisão pedagógica, com prejuízo desta.

para definir o caso de cada uma. As que assumiram a 1ª série não haviam passado pelo treinamento com o novo programa de alfabetização e tiveram de fazê-lo durante uma semana, com suspensão de duas horas de aula para os alunos.

Todos esses relatos mostram a intensa interferência do sistema no ritmo de trabalho da escola, fragmentando o cotidiano escolar. Entre outros eventos, a troca de professoras, motivada por processo de escolha e remoção de escola em época letiva, e a mudança de método de alfabetização no processo foram fatores de fragmentação do cotidiano escolar e do ensino. Na busca da racionalidade tecnológica (melhor método de alfabetização) e homogeneização do sistema (implantação imediata em grande número de escolas) foi desconsiderada pela instituição a importância da experiência vivida pelos alunos e professoras no processo de alfabetização dos primeiros, fragmentando de forma negativa o ritmo mais natural do ensino e da aprendizagem.

Todas essas interferências institucionais tiveram de ser cumpridas nas escolas. Contudo, restava ainda à escola e seus membros agir sobre os resultados negativos das medidas em nível do cotidiano. Vejamos agora como a escola se organizou em 1980 para lidar com as determinações institucionais e a situação concreta dos alunos.

4. O ritmo e a organização do trabalho escolar: combate entre cotidianidade e sua superação

O trabalho escolar é dividido em administrativo e pedagógico. Este caracteriza a escola, mas é sustentado pelo administrativo, que tem o objetivo fundamental de possibilitar a melhoria do trabalho pedagógico e também controlar, no contexto burocrático do sistema de ensino público estadual, tanto as atividades das professoras e técnicos (dados pessoais, carreira, prática pedagógica) quanto as dos alunos (dados pessoais, frequência, comportamentos e rendimento escolar). O trabalho administrativo e o pedagógico são repetitivos e se desenvolvem segundo determinado ritmo. O ritmo de repetições é diferente conforme sua dependência do tempo natural (cíclico) ou racional (linear).[3]

As repetições cíclicas ou ligadas ao tempo natural são escassas no contexto escolar; resumem-se ao ritmo da entrada — recreio (tempo da merenda, restabelecimento fisiológico), saída dos alunos e professores. "Natural" refere-se ao tempo em que as pessoas se movimentam (trabalham), descansam e se alimentam, atendendo às suas necessidades normais.

As repetições ligadas ao tempo racional — repetições lineares — são as mais presentes no contexto escolar, já que foram estabelecidas como solução à organização do trabalho na escola: tempo do ano letivo, tempo de planejamento do trabalho docente, tempo das reuniões pedagógicas, tempo de avaliação dos alunos etc. São ritmos impostos pelo sistema ou pela própria escola, baseando-se em princípios "racionais". Veremos que a racionalidade buscada na escola nem sempre é encontrada (por exemplo, o ritmo de avaliação dos alunos nem sempre se baseia em princípios "racionais"). Uma das tarefas importantes dos educadores hoje é procurar aproximar os tempos lineares da escola do tempo natural de aprendizagem da maioria dos alunos.

Estabelecidos os "tempos escolares", é através deles que a prática pedagógica se firma e os processos são desenvolvidos.[4]

Podemos categorizar as práticas e processos acionados pelos agentes pedagógicos da escola de duas maneiras: aqueles que sugerem contribuições com a permanência de más condições de trabalho e baixa produtividade escolar categorizamos como fragmentadores,

---

3. Para aprofundamento dos conceitos de repetições "cíclicas" e "lineares", consultar Lefebvre, 1981, III, p. 17.

4. Decisões sobre esses tempos são reafirmadas a cada início de ano letivo e constam de: organização das turmas de alunos, distribuição das séries pelos diversos turnos, designação das classes pelos professores, tempo e forma de distribuição da merenda e recreio, organização das entradas e saídas dos alunos de cada turno, solução para faltas de professores.

homogeneizadores e hierarquizadores do trabalho escolar; aqueles que indicam superação de tais condições e produtividade categorizamos como fatores de oposição à homogeneidade, fragmentação e hierarquização do cotidiano escolar.[5]

A primeira evidência de fragmentação do processo educativo foi identificada através do processo de planejamento escolar. Neste aspecto, as ações dos agentes escolares se caracterizavam por seguir a forma burocratizada da orientação em nível institucional, dominada, na época, pelo modelo tecnicista de ensino.

O processo de planejamento era fragmentado na medida em que os problemas educacionais da escola não eram objeto de reflexão dos educadores e muitas vezes nem detectados. As atividades sequenciais "planejamento-execução-avaliação-replanejamento" não eram alimentadas por reflexões sobre dados concretos e se tornavam cristalizadas, repetitivas e lineares. Havia uma separação entre a questão formal dos planos e a situação concreta dos alunos, sua aprendizagem e o ensino. Desta separação, a prioridade era para a formalização do plano mais do que os aspectos referentes aos alunos. As professoras limitavam-se a discutir alguns aspectos do ensino em sala de aula, principalmente a divisão dos conteúdos pelo ano letivo, tendo como único critério orientador a sequência dos livros didáticos. Além disso, nessa tarefa, cada grupo de professoras elaborava partes do plano.

Apesar da forte tendência à formalização e fragmentação da atividade de planejamento, verificamos indicações de movimentos contra tal fragmentação. Elas provinham das ações da diretora, pessoa crítica no contexto da escola. Suas ações, entretanto, manifestavam-se mais em nível do discurso (no qual se colocava contra a elaboração sofisticada, formalizada dos planos de ensino) do que em nível da prática, continuando a cobrá-los dos professores para cumprir com a exigência do sistema. Percebemos assim que, no âmbito

---

5. Consultar a conceituação desses termos na primeira parte deste estudo, especialmente p. 21 e seguintes.

da ação da diretora como no processo de planejamento escolar, este era um conflito ainda não ultrapassado.

Quanto aos processos homogeneizadores, vários foram identificados, especialmente em nível do processo de ensino e formas de avaliação de alunos, evidenciando contradições. A contradição maior deu-se no sentido de que, ao mesmo tempo que as classes eram formadas segundo os diferentes níveis de aprendizagem dos alunos, as provas eram unificadas para toda a escola. Da mesma forma os critérios de promoção, por exemplo, na 1ª série, eram os mesmos nesta escola (que não tinha pré-escola) e na maioria das escolas da rede. O trabalho com as primeiras séries e os critérios de aprovação dos alunos foram discutidos, não se chegando, contudo, a um consenso. Algumas professoras preferiram critério mais flexível, considerando a produção e evolução concreta dos alunos; outras, persistiram no critério formalizado proposto pelo sistema e este foi mantido.

Discussões como as que aconteceram na escola Alfa neste período também ocorriam em outras escolas e em outras reuniões de debate educacional evidenciando o conflito do movimento social no cotidiano escolar. Posições diferentes sobre critério de aprovação indicando formas alternativas de enfrentar os altos índices de repetência rompiam com a posição oficial tida como "verdadeira". Tanto as discussões cotidianas, quanto os debates mais organizados, mostravam pistas de medidas oficiais que ocorreram em anos posteriores. De fato, medidas como a do "ciclo básico", adotada na rede estadual em 1985, e como a do "desdobramento do processo de alfabetização", implantada em 1984 na rede municipal de São Paulo, foram medidas progressistas no sentido de que, na prática, "questionaram" o tempo racional eu tabelecido para a alfabetização, cristalizado no nosso sistema de ensino como um ano e que, há pelo menos quarenta anos, é negado pela prática dos alunos (vide taxas altas de repetência na 1ª série desde 1940). Ao reverem o tempo de alfabetização, as novas propostas aproximavam-se do ritmo natural de aprendizagem dos alunos, no início da vida escolar, contra a medida tradicional de atendimento ao ritmo racional de um ano letivo.[6] Essas novas propostas, contudo, não se efetivaram nesta escola.

Outras práticas contra a homogeneização e fragmentação foram observadas. Por exemplo, a reorganização de classes e períodos para atender às necessidades reais (vividas) dos alunos da 1ª série. O critério anteriormente observado era matricular todos os alunos de uma série no mesmo período, o que mantinha o primeiro período apenas com alunos da 1ª série. Ao perceber a dificuldade de adaptação desses alunos, que pela primeira vez frequentavam a escola, a diretora tomou a medida de colocar os alunos de 1ª e 2ª séries no mesmo período, estes últimos servindo de "modelos" de comportamento para os primeiros.

Decisões de organização da escola e dos tempos escolares, como formação de turmas de alunos, distribuição das séries pelos diversos turnos, designação das classes pelas professoras, tempo e forma de distribuição da merenda e recreio, organização de entradas e saídas dos alunos de cada turno, solução para faltas de professores são assumidas pelos agentes pedagógicos com algum nível de autonomia. Decisões deste tipo tomadas no âmbito da escola Alfa evidenciavam que a organização administrativa é uma instância na qual a autonomia pode ser exercida com êxito. As possibilidades de exploração das mais diversas formas desta organização devem ser experimentadas tendo em vista a melhoria da qualidade do ensino. A comunidade escolar, professores e pais de alunos precisam ser ouvidos em decisões deste nível. Uma decisão organizacional que necessitava ser profundamente repensada na escola era relativa ao tempo efetivo de aprendizagem dos alunos. Computamos que os alunos das primeiras séries tinham, no máximo, três horas/aula por dia, já que perdiam

---

6. Relembrando: "Tempo natural" refere-se ao tempo em que as pessoas atendem às suas necessidades normais e que obedece a repetições cíclicas. "Tempo racional" refere-se ao tempo imposto às pessoas e que se baseia em repetições lineares, ligadas a princípios racionais.

tempo na atribulada entrada de alunos, na formação de filas, nas interrupções administrativas, na saída de professores da sala de aula, na rotina de distribuição de merenda e no tempo de recreio.

Quanto à hierarquização, a instituição escolar possui critérios bem definidos. Além de essa hierarquização se dar ao nível dos cargos e funções, ela também ocorre ao nível das ideias pedagógicas, algumas se tornando dominantes e assumidas pela maioria dos educadores. Nessa linha se encontra a suposição de que o "saber escolar" é melhor do que outros saberes (inclusive o saber popular da maioria dos alunos e seus pais) e o único que deve ser considerado na escola. Estamos de acordo que o objetivo principal desta é transmitir o saber culturalmente organizado, mas acreditamos que a escola só poderá levar o aluno a atingir tal saber se considerar adequadamente o saber popular, em especial aquele presente no universo cultural dos alunos e seus pais. Nesta escola este saber não só era tido como "inferior", como também era desconsiderado pelos educadores, principalmente professoras e coordenadora através de suas práticas.

Não foi manifestada por ninguém a vontade ou necessidade de se conhecer os pais. Esse desconhecimento levava a escola a cometer erros primários com a clientela, como humilhá-la, mesmo que de maneira inadvertida. Numa reunião pedagógica, uma professora se propôs a informar os pais sobre o processo de aprendizagem dos alunos. Procurando explicar a esses pais a excelência do novo método de alfabetização que desenvolvia, a professora apresentou-lhes alguns "cartões de sequência", embaralhados, pedindo-lhes que colocassem tais cartões em ordem temporal. Nenhum pai conseguiu. A professora relatou que os pais ficaram encabulados, chegando um deles a manifestar que sua filha não resolveria aquela tarefa. Para comprovar o contrário a professora pediu a uma aluna para efetuar o exercício. Esta, obtendo o êxito desejado, deixou aquele pai "apavorado". Práticas como a descrita e outras, por exemplo, pedir para pais analfabetos assinarem listas de presença, apresentam-se como desarticuladoras do processo educativo que ocorre no interior da escola.

Uma evidência de prática contra a hierarquização foi encontrada nesta escola a partir da atuação dos habitantes do bairro. Com a mudança da escola dos barracões para o prédio novo, houve ocupação daqueles por famílias da redondeza. Esta era e ainda é prática usual de famílias de baixa renda para fazerem frente às profundas carências de moradia na cidade. Essa classe social rompe com a hierarquização dos critérios "legais" do uso do solo como forma de enfrentar seu problema de moradia ou mesmo de sobrevivência. Não é nossa intenção aprofundar esta questão, mas era necessário registrar o fato, pois fazia parte da história do bairro onde a escola se localizava e, portanto, dos pais das crianças que frequentavam essa escola. Certamente essas questões geravam conflito tanto para os educadores quanto para os alunos e dificultava sua aproximação.

Finalizamos este capítulo com duas afirmações que sintetizam o momento histórico de construção da obra Alfa. Primeira, que, se por um lado o controle institucional exercido sobre a escola, assim como medidas tomadas ao nível da organização escolar, empurravam o cotidiano para ações e práticas repetitivas e programadas, por outro, ações e práticas específicas de educadores e mesmo de pais indicavam pistas de superação da cotidianidade. Segunda, podemos afirmar que, a partir das ações e práticas de diversos agentes do processo educativo desta escola, emergia uma estratégia de conquista dessa cotidianidade. Esta foi evidenciada por algumas medidas concretas adotadas, mas principalmente pelo processo de discussão que foi desencadeado pela diretora e professoras, tendo como preocupação resolver a questão do alto índice de repetência nas primeiras séries. Apesar de algumas das ideias apresentadas durante a discussão não terem sido vitoriosas naquele momento histórico, a existência do espaço para debate representou, no processo de sua construção, estratégia promissora na direção da conquista da cotidianidade.

CAPÍTULO V

A obra Beta

1. O texto social: a escola e sua história

A escola Beta situa-se no Parque Luanda, na região de Campo Limpo, a 50 quilômetros do centro da cidade.

Em 1980 esta já era uma área densamente povoada, com 450 mil habitantes, tendo sido a de maior crescimento populacional da capital na década de 1970. Do total da população nesse ano, 60 mil habitantes moravam em favelas, distribuídas em duzentos núcleos; um deles localizava-se próximo à escola Beta e daí provinham algumas crianças matriculadas.

A escola Beta, criada em dezembro de 1976, da mesma forma que a Alfa, foi instalada precariamente em salas agrupadas num barracão ou salas alugadas, onde funcionou por um ano. O prédio que passou a ocupar foi construído às pressas para atender ao intenso crescimento do bairro e, em 1980, estava menos conservado do que a escola Alfa; em contrapartida, o bairro apresentava melhor aparência.

Diferentemente da escola Alfa, a Beta não possuía boa fama na comunidade. Problemas com o primeiro diretor, troca de três diretores em poucos anos e má organização nos últimos anos contribuíram para sua baixa aceitação entre a população. É possível que a má conservação do prédio num bairro onde existiam prédios comerciais de boa aparência reforçasse a rejeição da escola pela comunidade.

Em 1980 o crescimento do bairro era ainda intenso e nem mesmo a representação da escola como "ruim" e "desorganizada" por parte da população fazia com que o número de matrículas diminuísse. Ao contrário, naquele ano foram colocados trinta e sete/quarenta alunos por classe nas primeiras séries, instalado o quarto período (curso noturno) e mesmo assim a demanda não foi totalmente atendida. A Tabela 6 mostra a procura da escola pela população, desde sua fundação.

Não havia intervalo previsto entre um período e outro e, na prática, tornava-se impossível garantir o tempo das atividades escolares. O movimento de alunos nas trocas de turnos repetia o da escola anterior, com exceção do último período, quando apenas quatro salas eram utilizadas. O tempo real de ensino encontrado nas duas escolas até aqui descritas permite estabelecer a hipótese de que "tempo" é variável substantiva na baixa produção escolar dos alunos nessas escolas.

A abertura do curso noturno na escola aconteceu por determinação do delegado de ensino, que recebeu o pedido através de abaixo-assinado, de parte da população do bairro. O pedido dos pais foi prontamente atendido pelo fato de a única escola noturna da redondeza ter sido fechada no ano anterior. Contava-se, na escola Beta, que a diretora da escola vizinha, que mantinha o curso noturno, conseguiu o fechamento do mesmo com a alegação de que não havia iluminação pública, funcionários etc. Dizia-se, também, que essa diretora orientou seus alunos do curso noturno e seus pais a encaminharem o abaixo-assinado ao delegado pedindo a abertura desse curso na escola Beta. Essa história e a obrigatoriedade de abertura do curso noturno da escola Beta provocaram muita reclamação e má vontade do pessoal desta com o referido curso.

TABELA 6

Número de alunos e classes de 1977 a 1980 (Escola Beta)

Série	1977			1978			1979			1980		
	Nº de alunos		Nº de classes	Nº de alunos		Nº de classes	Nº de alunos		Nº de classes	Nº de alunos		Nº de classes
	Março	Novembro		Março	Novembro		Março	Novembro		Março	Novembro	
1ª	833	777	18	925	893	21	661	595	15	516	467	13
2ª	487	469	11	521	489	12	462	417	11	447	390	12
3ª	240	233	5	343	329	9	404	363	10	325	381	9
4ª	97	92	2	206	204	6	259	236	7	325	298	9
5ª				180	161	4	194	146	6	266	232	6
6ª				66	60	2	113	93	3	145	126	4
7ª							61	55	2	104	86	3
8ª										90	42	2
Total	1.657	1.571	36	2.241	2.136	54	2.154	1.905	54	2.178	1.942	58

2. O aluno da escola

Os alunos da escola Beta provinham de famílias em que 80% dos pais e 60% das mães trabalhavam. A maioria dos pais era de trabalhadores semiqualificados e a maioria das mães não tinha qualificação profissional. Muitas mães não trabalhavam por não terem com quem deixar os filhos pequenos.

A situação socioeconômica das famílias, expressa pela renda familiar, indicava que 50% delas localizavam-se na faixa de menos de um a três salários mínimos, podendo ser classificadas como pobres ou muito pobres.

Fato a ressaltar, com base nos dados da renda dos pais de alunos das oito séries do 1º grau, era a seletividade intraescolar. Repetindo o evento encontrado na escola Alfa, a maior concentração de crianças economicamente carentes se dava nas séries iniciais (1ª e 2ª). Nas mais adiantadas, percebia-se nítida melhoria relativa à situação socioeconômica das famílias. Considerando-se os índices de reprovação e repetência nas séries iniciais (ver Tabela 7), fica evidente que o fracasso escolar atingia prioritariamente os alunos desfavorecidos economicamente.

Em relação à escolaridade dos pais dos alunos, cerca de 20% eram analfabetos, revelando, também nesta escola, índice superior aos dados divulgados na época para os adultos do país como um todo (aproximadamente 16%). Dentre os pais que sabiam ler e escrever, nem todos haviam concluído as quatro primeiras séries e um número desprezível tinha chegado a ingressar ou concluir o 1º grau.

O lazer dos alunos da escola provinha da televisão e do rádio. Os alunos mais novos brincavam no quintal ou na rua, em frente de casa, mas não chegava a 20% o número de crianças que possuía brinquedos ou livros de literatura infantil. Cerca de 40% dos alunos declararam passear aos domingos, visitando familiares ou indo a jogos de futebol no bairro. Era muitíssimo pequena (nem 1%) a quantidade de crianças que já havia ido ao zoológico, que costumava ir ao cinema ou a parques e jardins.

Delineava-se assim o quadro de uma infância circunscrita, agravada pela necessidade de trabalhar em casa ou na rua. Quase 90% das crianças ajudavam no serviço doméstico, sendo as mais novas em tarefas leves e as mais velhas fazendo um pouco de tudo, desde lavar roupas até o preparo das refeições.

Fora do trabalho doméstico, cerca de 14% dos alunos possuíam trabalho remunerado. Os trabalhos realizados eram do tipo: pacoteiro em supermercado, embalador em fábrica, balconista, ajudante em geral, auxiliar de costura, aprendiz de cabeleireira etc.

Tendo como referência a vida cotidiana particular e de trabalho dos alunos, vejamos como era seu rendimento escolar e sua trajetória na escola.

Similar à Alfa, a população de alunos da escola Beta mostrava uma trajetória bastante acidentada. Mais de 60% dos alunos do diurno apresentavam pelo menos uma repetência. Os maiores índices de repetência estavam nas 1as e 2as séries (70% em 1979, sendo 42% só na 1ª). Observa-se pela Tabela 7 que, uma vez ultrapassada a barreira da 1ª série, as repetências diminuíam significativamente. Apenas 7% dos alunos que cursavam a 8ª série em 1980 eram repetentes dessa série, muito embora 48% deles tivessem repetido em séries anteriores.

Outro fator que demonstra a vida escolar acidentada era a porcentagem de alunos fora da idade ideal de cada série. Este fato era mais pronunciado nas 1as e 2as séries, pois, ao mesmo tempo que 60% das crianças tinham de dez a quatorze anos, mais da metade delas estavam nas 1as e 2as séries.

A caracterização socioeconômico-cultural dos alunos e suas famílias delineava uma situação desfavorável a um bom rendimento, segundo os padrões tradicionalmente esperados na escola, comprovado pelos resultados de rendimento escolar. Esta situação, semelhante à maior parte das escolas públicas de periferia em 1980, permanece ainda hoje, caracterizando-se como fenômeno específico da realidade educacional brasileira contemporânea. Sendo esta si-

TABELA 7
Resumo dos Percentuais de Promoção, Repetência e Evasão por Ano e Série (Escola Beta)

Série	Promoção				Repetência				Evasão			
	1977	1978	1979	1980	1977	1978	1979	1980	1977	1978	1979	1980
1ª	30,37	47,37	48,26	52,30	63,96	48,15	41,75	40,68	5,67	4,48	9,98	7,01
2ª	48,83	73,21	62,55	68,99	47,12	22,90	27,71	22,37	4,05	3,89	9,74	8,62
3ª	72,10	71,73	79,95	75,40	26,18	22,80	9,90	16,06	1,72	5,47	10,15	8,52
4ª	89,13	77,94	85,33	84,32	4,35	15,69	5,79	9,40	6,52	6,37	8,88	6,26
5ª		72,05	62,89	59,54		16,15	12,37	25,19		11,80	24,74	15,26
6ª		83,33	69,91	59,15		8,33	12,39	27,46		8,33	17,70	13,38
7ª			70,49	66,32			19,67	21,42			9,84	12,24
8ª				77,77				6,66				15,57
Total	60,1	70,9	68,4	67,97	35,4	22,3	18,5	21,28	4,4	6,7	13,0	10,75

tuação um dado de realidade dos alunos, ela não pode figurar como causa do mau rendimento escolar dos mesmos, conforme veremos nas representações das professoras na terceira parte deste estudo.

3. A situação e o momento institucional da obra

3.1. A situação da obra

Os recursos da escola Beta apresentavam-se em situação mais precária do que os da Alfa: eram escassos tanto em relação à infra-estrutura física, quanto à administrativa, de apoio técnico e de assistência ao escolar.

Quanto aos recursos físicos, além de o prédio estar pior conservado, não havia biblioteca, laboratórios ou consultório dentário, nem mesmo salas de aula em número suficiente para atender à demanda.

Quanto aos recursos materiais, havia apenas um mimeógrafo para uso das professoras, sendo que só a 1ª série, a que mais o utilizava, contava com vinte docentes. Até atrasos na entrada em sala de aula eram provocados pela necessidade do uso do mimeógrafo. Nas salas de aula, quando existiam armários, estavam quebrados ou não tinham fechadura. Ainda faltavam recursos didáticos: cartazes, mapas etc.

Os recursos humanos eram a grande carência da escola, tanto na área administrativa quanto na de apoio técnico (alimentação, limpeza e segurança). No início de 1980 havia um funcionário de secretaria, um casal de serventes (caseiros) e um guarda (pago pela APM), cujo trabalho não cobria as necessidades da escola. Não havia merendeira, nem inspetor de alunos. A decisão de se utilizar o dinheiro da APM para pagar um guarda baseou-se na frequência de brigas de alunos e de outros elementos na frente da escola, desde anos anteriores. Com a instalação do curso noturno, a expectativa era de que os problemas de segurança iriam aumentar.

Os recursos humanos na área administrativa eram parcos. Além de um secretário ser insuficiente para o volume de trabalho, o elemento, em 1980, apresentou problemas de saúde, estando constantemente em licença médica. Não tendo sido substituído, a assistente de direção, a coordenadora pedagógica e algumas professoras passaram a auxiliar nesse trabalho. A assistente e a coordenadora, por acréscimo de trabalho, realizaram, em vários períodos do semestre, jornadas de trabalho exaustivas, das 7:00 às 19:00 e até das 7:00 às 23:00 horas.

Os recursos na área pedagógica eram menos precários: sessenta e oito professoras, uma assistente de direção e uma coordenadora pedagógica.

A história da direção era bastante acidentada. A segunda diretora tinha sido removida e a terceira só foi designada em março de 1980, tendo sido essa função preenchida até então pela assistente. A nova diretora, ao tomar contato com a realidade da escola, chorou, provocando uma imagem de pessoa insegura e incompetente que ainda perdurava em agosto.

Além disso, a situação da escola, difícil desde os afastamentos do secretário, agravou-se ainda mais quando, em fins de março, a assistente de direção, que se mantinha lá desde a época do primeiro diretor, sofreu um acidente de carro e entrou em licença.

A coordenadora pedagógica, a pessoa mais eficiente da escola, era ativa, enérgica e diretiva, mas, ao mesmo tempo, cordial com as professoras e demais pessoas. Nas reuniões, orientava as professoras de forma prática e não admitia irresponsabilidades. Antes de assumir a atual função, lecionou competentemente em diferentes séries. Além de cuidar do seu trabalho, colaborava muito na parte administrativa.

A falta de orientadora educacional, médico e dentista numa escola como esta atestava a falência das pretensões do sistema em prover as escolas mais necessitadas com especialistas e serviços assistenciais aos alunos, conforme propunha o "modelo pedagógico".

Quanto às professoras, das sessenta e oito docentes, cinco eram efetivas, cinco estagiárias e cinquenta e oito admitidas em caráter temporário. Quanto à sua escolaridade, das vinte e duas professoras de 5ª a 8ª série, dezoito possuíam licenciatura plena e quatro licenciatura curta. Todas as professoras que lecionavam nas quatro primeiras séries tinham apenas o 2º grau quando já era tendência, nas escolas melhor situadas da capital, que a maior parte das professoras tivesse nível universitário.

Esses dois fatores conjugados (maioria de professoras não concursadas e sem formação universitária) apontam para a seguinte conclusão: as menos preparadas eram as que lecionavam nas escolas mais carentes, onde estavam os grandes desafios do ensino. Esta constatação era ainda agravada pelo fato de que, não sendo efetivas, elas estavam sujeitas a perderem seu lugar a cada nova escolha de classes pelas concursadas. Foi o que aconteceu no final do primeiro semestre, acarretando uma ruptura no processo de ensino, o que deve ter interferido no rendimento do aluno. A não efetivação das professoras facilitava mudanças por conveniência, aumentando a sua rotatividade. Naquele ano, houve classe que trocou cinco vezes de professora.

3.2. O momento institucional da obra

No que se refere ao momento institucional, esta escola, da mesma forma que a Alfa, sofreu dois momentos de ruptura com mudanças de professoras; em março, quando várias delas que já haviam assumido classes em dupla jornada consecutiva tiveram que deixar uma e, em agosto, por causa da remoção que alterou significativamente o quadro de docentes, afetando o ritmo do trabalho escolar.

No final de agosto, a nova diretora estava começando a se entrosar melhor com o trabalho administrativo e a coordenadora pôde se concentrar na sua área. A esta altura do ano, ela já estava esgotada e pretendia deixar em ordem seu trabalho para pedir licença ou remover-se da escola. Por isso, ela teria que atender, como atendeu, às novas professoras, procurando conhecer suas dificuldades, socorrê-las e, segundo suas palavras, "pegar no pé" de uma ou outra.

Outra dificuldade na troca de professoras relacionou-se ao processo de alfabetização dos alunos. A maioria que assumiu a 1ª série não conhecia o método adotado na escola.[1] A coordenadora teve que começar toda a orientação outra vez. As professoras estavam apavoradas, inseguras, temendo a avaliação e indignadas porque observaram que as crianças estavam muito atrasadas no processo de aprendizagem. Foi preciso, mais uma vez, dispensar os alunos duas horas mais cedo, durante uma semana, para que as professoras lessem e manipulassem o material. Com isso, a ansiedade diminuiu um pouco, mas o medo e a perplexidade ainda eram grandes, pairando no ar a dúvida sobre o desenvolvimento da 2ª série no ano seguinte.

Depois desse trabalho com as professoras, a coordenadora afirmou que, felizmente, as novas eram melhores do que as anteriores. Afinal, haviam passado no concurso público e a maioria possuía oito, dez anos de experiência. Esses dados sugerem a seguinte relação; se experiência e formação são condições para se tornar boa professora e se os alunos da periferia são alunos mais desafiadores ao ensino, então a medida institucional necessária seria recompensar as melhores para que se animassem a escolher e permanecer nas escolas da periferia.

4. O ritmo e a organização do trabalho escolar: combate entre cotidianidade e sua superação

Já afirmamos que a organização do trabalho na escola se faz segundo o ritmo racional de divisão do tempo. Em função da divisão mais básica do tempo escolar — o ano letivo —, toda a organização é decidida e dividida em tempos repetitivos.

---

1. Programa Alfa, mencionado no capítulo anterior.

As condições de trabalho adversas, — comprometedoras de um ensino de boa qualidade, constituíam pano de fundo para a dinâmica das ações e relações sociais que aconteciam no cotidiano da escola. Essas ações e relações sociais apresentavam uma dinâmica tal que ora reproduziam ou reafirmavam aquelas condições adversas, ora produziam movimentos que rompiam ou indicavam tendência a romper e modificar aquelas condições.

No contexto da dinâmica que reproduzia condições adversas, impedindo a transformação do cotidiano e arrastando-o para a cotidianidade, identificamos algumas ações: a perplexidade da diretora (manifestada através de choro) ao tomar consciência de como era aquela escola e o grande número de faltas e de licenças médicas das professoras. Tais reações e práticas indicavam inabilidade ou recusa desses profissionais em enfrentar a realidade escolar. Esses fatos reforçam nossa crença na íntima relação existente entre natureza da escolarização e natureza humana (socialmente construída). Emotividade diante da sensação de impotência para enfrentar um problema ou resistência em enfrentá-lo; utilização de todos os meios legais disponíveis para retardar ou mesmo evitar a assunção dos problemas profissionais são reações típicas da natureza humana, das quais as questões educacionais não estão isentas. Ao contrário, elas têm que ser explicitadas e levadas em consideração nas tomadas de decisão institucional e mesmo na formação desses profissionais.

As ações e práticas indicativas da reprodução das condições de trabalho adversas, entretanto, não acontecem sem conflito no movimento de construção da obra Beta.

Outras práticas e processos presentes na dinâmica cotidiana contradiziam a tendência à cotidianidade. Pistas neste sentido pudemos identificar principalmente pela atuação da coordenadora pedagógica. Sua vinda para a escola foi fruto de uma decisão institucional provendo as escolas carentes com um elemento técnico (eis uma decisão institucional com repercussão positiva na escola). Sua presença nesta escola foi providencial, pois a inexistência ou ausência ou mesmo incompetência do diretor deixaria a escola totalmente acéfala.

Comparando mais uma vez as obras Alfa e Beta, verificamos que tanto em uma como na outra era através da mediação de uma pessoa (a diretora, na Alfa, e a coordenadora, na Beta) que a escola se lançava contra a cotidianidade, melhorando a qualidade do ensino. Essas pessoas, juntamente com algumas professoras, criavam movimentos contra a fragmentação, homogeneização e hierarquização do trabalho escolar.

Assim é que na escola Beta a fragmentação do processo de planejamento escolar e de ensino foi enfrentada com algumas práticas positivas, oportunizadas pela coordenadora: apresentar e discutir objetivos gerais para a escola e atender às dificuldades docentes das professoras.

Da mesma forma, resistindo contra os aspectos negativos da homogeneização do trabalho escolar, a coordenadora e o grupo de professoras optaram por critérios de avaliação escolar nas primeiras séries mais coerentes com o ritmo de aprendizagem da maioria dos alunos. Esta opção representou a vitória do "vivido" sobre o "concebido". Outra prática contra a homogeneização foi representada pela adaptação que as professoras faziam da prova "comum", formulada para todos os alunos da mesma série, independente do ritmo das classes.

A luta contra a hierarquização do cotidiano escolar apresentou parcos sinais de superação. Pelo contrário, ela foi reafirmada de várias formas. Uma delas foi a pouca participação das professoras ao lado daquele elemento que representava autoridade (no caso, a coordenadora), hierarquizando a função de "pensar e decidir sobre a questão do ensino e da escola". Outra evidência de hierarquização presente e que parecia mais forte do que na escola Alfa era a ausência dos pais no cotidiano escolar. A família do aluno — elemento de importância fundamental na prática pedagógica — era desconhecida dos agentes do ensino.

Em suma, a construção da obra Beta acontecia em meio a conflitos e contradições de várias ordens: entre as mediações instituição/escola, entre as mediações coordenadora/professoras, entre as mediações professora/conteúdo escolar/aluno, e contradições entre a ausência de mediações entre pais e elementos da escola. A ausência dos pais revelava a hegemonia de valores reproduzidos pela classe dominante e, em grande parte, assumidos pelos agentes do ensino, valores estes que, concretizados em ações específicas, dificultavam o avanço da obra no embate contra a cotidianidade.

CAPÍTULO VI

A obra Gama

1. O texto social: a escola e sua história

"Vila Mirante" localiza-se na zona leste da cidade de São Paulo, a cerca de 25 quilômetros do centro, e mantém um desenvolvimento populacional abaixo do índice de crescimento da cidade como um todo. Numa visão panorâmica, o bairro era constituído, em 1980, em sua maior parte, por casas de construção simples, de alvenaria, num estilo que demonstrava não ser de formação muito recente. Não havia prédios altos e as ruas internas eram tranquilas.

A escola Gama situava-se a dois quarteirões de uma via expressa rodoviária, numa rua tranquila, pouco arborizada, rodeada de casas típicas do bairro, ocupando aproximadamente a quarta parte de uma quadra.

O prédio era constituído por dois conjuntos, um de dois pavimentos. Era uma escola agradável, bem-cuidada, limpa. A entrada e o corredor da ala baixa tinham o piso "brilhando". Havia cortinas nas salas de aula, carteiras antigas, mas em bom estado, vidros em ordem. Os banheiros dos alunos, mesmo na hora do recreio, eram asseados.

A escola foi instalada em fevereiro de 1964, como grupo escolar. Sua criação e construção se deveram à pressão política da Sociedade

Amigos de Bairro junto à Secretaria da Educação. A primeira diretora, interina, foi logo substituída por outra, que permaneceu no cargo por muitos anos.

Em janeiro de 1970 foram criadas as séries correspondentes ao ginásio para funcionar no mesmo prédio, em horário diverso, com outra diretora. A dupla direção manteve-se por dois anos, com grande sofrimento por parte de todos, segundo a assistente. Nessa época, o pessoal do primário reclamava da desorganização dos elementos do ginásio, principalmente de sua falta de cuidado com a escola.

Em abril de 1972 — com a Reforma do Ensino estabelecida na Lei n. 5.692/71 — houve a fusão dos dois estabelecimentos e a diretora do primário assumiu a escola unificada até sua aposentadoria em 1974. A assistente respondeu pela direção dessa época até 1979, quando assumiu o diretor que conhecemos, em 1980.

As matrículas na escola Gama cresceram até 1973, diminuindo a partir de então. Observa-se, na Tabela 8, que a queda das matrículas intensificou-se a partir de 1977, o que levou a direção a diminuir os períodos de funcionamento.

A disponibilidade de classes era tanta que possibilitou a modificação do horário de algumas delas para atender à exigência institucional de uma hora de descanso para as professoras que lecionavam em períodos consecutivos.[1]

As causas atribuídas pelos agentes escolares à diminuição de matrículas eram: saída dos alunos de melhor poder aquisitivo para escolas particulares, mudança de muitas famílias para um conjunto residencial da Cohab em bairro mais distante, abertura de mais uma escola de 1º e 2º graus na região e implantação do Projeto de Distribuição da Rede Física, fruto da Reforma do Ensino, que estabelecia a matrícula de alunos apenas em seus setores de domicílio. Discutiremos esta situação no capítulo VIII, ao confrontarmos as condições das quatro escolas.

---

1. A tendência de diminuição das matrículas continuou nos anos posteriores à nossa investigação. Em 1983, a escola passou a funcionar em dois períodos.

TABELA 8
Número de classes, de alunos e de períodos, por série e por ano (Escola Gama)

Série/Ano	1964	1965	1966	1967	1968	1969	1970	1971	1972	1973	1974	1975	1976	1977	1978	1979	1980
1ª	6	8	10	11	9	9	10	9	10	6	6	7	7	5	5	5	5
2ª	3	5	8	8	9	8	7	8	8	8	6	5	6	4	4	4	4
3ª	3	4	5	8	8	9	8	10	7	7	7	5	6	4	4	4	4
4ª	2	3	4	6	7	7	8	8	6	6	7	6	6	4	4	4	3
5ª	—	2	—	—	—	—	4	9	14	8	5	5	5	4	5	4	4
6ª	—	—	—	—	—	—	—	3	5	8	6	4	5	5	4	4	3
7ª	—	—	—	—	—	—	—	—	2	4	7	7	5	4	4	4	4
8ª	—	—	—	—	—	—	—	—	—	2	3	6	7	3	3	3	3
Total de classes	14	22	27	33	33	33	37	47	52	49	47	45	46	33	33	32	29
Total de alunos início do ano	434	608	1.105	1.287	1.177	1.163	1.194	1.400	1.442	1.848	1.625	1.467	1.398	1.241	1.205	1.143	1.015
Total de alunos que terminaram	518	885	1.019	1.223	1.112	1.074	1.114	1.541	1.559	1.748	1.571	1.390	1.291	1.172	1.130	1.076	995
Pré	2	4	4	4	4	4	4	4	4	4	4	4	4	4	4	4	4
Períodos	3	3	3	3	3	3	3	3	4	4	4	4	4	3	3	3	3

2. O aluno da escola

Dos alunos da escola Gama, 82% nasceram na cidade de São Paulo, 12% em outros estados e 6% em outros municípios deste estado.

Quanto à escolaridade dos pais, a grande maioria possuía 1º grau completo, 3% o grau superior e aproximadamente 5% eram analfabetos.

A situação socioeconômica das famílias, expressa pela renda familiar, mostrava que 73% delas situavam-se na faixa de um a três salários mínimos mensais, sendo poucas as que percebiam menos do que um salário. Apenas numa classe de 1ª série, cujos alunos não tinham feito o pré-primário, 75,8% dos pais recebiam até um salário mínimo e meio.

A faixa salarial dos pais aumentava segundo as séries: era mais alta nas séries mais adiantadas, registrando o fenômeno da seletividade intraescolar também nesta escola.

Quanto ao trabalho do menor, 10% dos alunos da escola trabalhavam para ajudar a família.

Interessante notar que esta escola, considerada há muitos anos pelos agentes escolares como típica de classe média, apresentou, no levantamento que realizamos, significativa diferença no perfil socioeconômico da clientela. Esta mudança parece não ter sido notada no cotidiano, pois, quando foi mostrado o resultado desse levantamento à direção, houve reação de espanto.

Alguns indicadores de mudança do perfil da clientela vinham se explicitando havia algum tempo. Por exemplo: as famílias melhor situadas economicamente e as próprias professoras estavam transferindo seus filhos para escolas particulares; aumentava o índice de reprovação, principalmente nas primeiras séries, e crescia o número de matrículas de alunos na 1ª série que não haviam frequentado a pré-escola.

TABELA 9
Resumo das procentagens de promoção e evasão por ano e série — 1973-1979 (Escola Gama)

Série	Promoção								Evasão							
	73	74	75	76	77	78	79	80	Média	73	74	75	76	77	78	79	80	Média
1ª	75,0	80,0	76,0	85,0	77,2	66,1	64,0	64,0	73,41	1,0	17,1	18,7	14,2	9,1	9,1	2,0	1,0	9,02
2ª	90,0	89,0	83,0	97,0	84,0	81,0	80,0	80,0	85,5	1,0	17,5	11,9	8,4	4,1	7,5	6,0	5,0	7,67
3ª	94,0	93,0	81,0	100,0	94,2	97,0	87,0	87,0	91,65	2,0	8,5	14,2	4,4	5,8	3,0	2,0	2,0	5,61
4ª	95,0	94,0	93,0	95,0	95,3	94,0	88,0	88,0	92,78	1,0	6,8	6,7	7,1	3,8	3,6	1,0	1,0	3,87
5ª	77,6	75,0	83,0	93,0	86,5	78,0	57,0	57,0	75,88	16,1	4,5	12,1	7,8	4,0	7,7	5,0	4,0	7,65
6ª	83,2	82,0	82,0	97,0	85,2	86,0	53,0	53,0	77,67	10,1	10,6	3,5	6,8	3,9	4,6	—	—	4,93
7ª	76,2	73,0	81,0	92,0	84,1	83,0	73,0	73,0	79,41	4,7	9,3	12,5	6,7	4,6	5,0	5,0	5,0	6,6
8ª	87,0	87,0	92,0	99,0	88,2	76,0	78,0	78,0	85,65	6,2	4,6	6,4	4,9	1,9	1,6	2,0	2,0	3,7
Total	84,75	84,12	83,87	94,75	86,84	82,62	72,50	72,50	82,74	12,76	9,86	10,75	7,53	6,46	5,42	2,87	2,5	7,26

Fator que talvez estivesse influindo na não percepção dos elementos da escola sobre a real condição econômica das famílias dos alunos era a aparência dos mesmos. Seu aspecto era agradável, mesmo nos alunos da 1ª série. A maioria trazia uniforme limpo, tênis e meias em ordem. Além disso, muitos dispensavam a merenda e traziam lanche de casa para não darem a impressão de "pobres". A fim de mudar tal conceito, o diretor fez campanha de valorização da merenda, servindo-se ele próprio da mesma, junto com os alunos.

A mudança no perfil socioeconômico da clientela desta escola era acompanhada do fenômeno, já registrado, de diminuição das matrículas de crianças das camadas médias nas escolas públicas em São Paulo nos últimos anos da década de 1970.

Discutiremos, a seguir, como a mudança no perfil socioeconômico da clientela teria influído no rendimento e na trajetória escolar dos alunos.

O rendimento dos alunos pode ser melhor observado a partir da análise da porcentagem de promoção desde 1973, ano de maior procura da escola, quando esta ainda era frequentada, em grande proporção, por alunos provenientes das camadas médias, mas já recebia alunos das camadas populares, que foram gradativamente aumentando no cerne do processo chamado de "democratização quantitativa do ensino".

Observamos pela Tabela 9 que, em alguns anos, houve maior heterogeneidade do que em outros com relação à porcentagem de aprovação nas diversas séries. Os anos de 1975, 1976 e 1977 foram os que alcançaram maior homogeneidade, com melhores resultados nas diferentes séries. A partir de 1978 nota-se uma queda significativa da promoção, inicialmente na 1ª série (1978) e depois na 1ª, 5ª e 6ª séries (1979 e 1980). Uma explicação para esta queda é o fato de que a partir de 1979 se acentuou o que vinha acontecendo de forma progressiva nos anos anteriores: a transferência dos alunos de famílias com melhor poder aquisitivo para escolas particulares. Se alunos que apresentavam melhores resultados escolares — os filhos de pais pertencentes às camadas médias — saíam da escola e a escola não repensava seus padrões de avaliação e seu ensino, era de se esperar que as taxas de aprovação caíssem. A única série na qual não houve queda do nível de aprovação de 1978 para 1979 foi a 8ª. É lógico supor que nesta série tenha havido menor número de transferência por ser a última do 1º grau.

A frequência das crianças à pré-escola pode ser considerada um dos motivos de o índice de aprovação nas primeiras séries ter se conservado relativamente alto por longos anos. Da mesma forma, a queda das aprovações nas primeiras séries a partir de 1978 pode ser explicada pelo aumento de crianças que se matriculavam sem terem cursado a pré-escola. É significativo que nos anos de 1978, 1979 e 1980 a abertura de classes de 1ª série para alunos que não tinham frequentado a pré-escola coincidisse com a queda do índice de promoção nessa série.

A pré-escola também era seletiva. Um dos motivos desta seleção era que ela solicitava aos pais material escolar de custo elevado e isto afugentava aqueles de menor poder aquisitivo.

Esses fatos relativos à escola Gama revelam um lado perverso da escola pública para com os alunos mais pobres. Ao não possibilitar a frequência desses alunos à pré-escola, a escola reproduz e amplia, na sua singularidade, os dispositivos pelos quais a sociedade inviabiliza o acesso dos alunos das classes populares ao saber escolar. À desvantagem social desses alunos, produzida no seio das relações sociais gerais, a escola acrescenta uma desvantagem gerada no seu próprio contexto. Este processo mostra uma contradição entre interesses expressos e realização efetiva na construção de uma obra e necessita de confronto com outros processos para que possamos identificar em que medida a obra resiste à mera reprodução das desigualdades sociais e abre caminho a processos diferenciados e socialmente justos. A história dessa escola e muitas ações de seus agentes sugeriram pista neste sentido. O aparecimento de processos diferenciadores começa, em grande parte, com a revelação, numa situação concreta, da inexistência de igualdade de oportunidades na escola a todas as crianças, dependendo da classe social a que pertençam. No cotidiano desta escola, mesmo sem que seus agentes o notassem, eles praticavam a discriminação social das crianças pobres. Este fato, trazido à consciência desses agentes e mesmo dos pais, representa o primeiro passo para sua ultrapassagem. O quanto os agentes escolares locais estavam cientes disso veremos nos capítulos IX e X deste estudo.

3. A situação e o momento institucional da obra

3.1. A situação da obra

Quanto aos recursos físicos, vimos que a escola contava com um número suficiente de salas para atender à demanda. Tal disponibilidade não cobria, entretanto, as necessidades de Educação Física. A quadra cimentada e o pátio coberto eram insuficientes para o número de turmas, tendo sido o problema solucionado alternando-se o local para as aulas das diferentes séries: uma vez no pátio e outra vez na sala. As aulas de Educação Física de 1ª a 4ª série eram ministradas pelas próprias professoras das classes, que consideravam as aulas como "tapa-buracos", pois não se sentiam competentes para esse encargo. A falta de docentes habilitados em Educação Física para as séries iniciais do 1º grau era uma deficiência não desta escola mas da rede de ensino como um todo.

Ainda quanto aos recursos físicos, esta escola contava com: gabinete dentário, biblioteca e laboratório de ciências (montado pela APM). O Estado não fornecia o material dentario em quantidade suficiente e a sugestao da dentista foi de que os alunos economicamente não carentes da escola pagassem uma taxa que permitisse comprar mais material. Quanto à biblioteca, já estava instalada no início de 1980, faltando, contudo, as cadeiras que foram enviadas na metade do ano; porém, ainda não havia sido designada uma bibliotecária. Os próprios professores levavam os alunos para a biblioteca e permaneciam com eles enquanto pesquisavam.

Quanto aos recursos materiais, a escola tinha o suficiente para atender às necessidades do trabalho docente. Havia três projetores de slides, um projetor de filme, um gravador, um mimeógrafo elétrico e um a álcool. Materiais da escola que iam se quebrando ou desgastando com o tempo, como vidros, cortinas, lâmpadas, eram repostos com os recursos da APM.

Desde os primeiros anos de existência da escola a APM vinha atuando de forma decisiva na sustentação ou sofisticação da infra-estrutura escolar. Alguns pais pertenciam à APM há mais de doze anos, comparecendo às reuniões regulares e trabalhando ativamente nas promoções que objetivavam arrecadar dinheiro: festas, bazar, venda de material escolar etc. Segundo o diretor, sem o trabalho da APM a escola "não se sustentaria".

Quanto aos recursos humanos, existia carência na área administrativa, mas sobretudo na educacional, como professoras estagiárias e técnicos (orientador e coordenador pedagógico). Sem estagiárias de 1ª a 4ª série os alunos, na falta de suas professoras, eram distribuídos pelas outras classes, prejudicando o trabalho destas. Na área educacional, a escola contava com os seguintes recursos humanos: um diretor, uma assistente de direção e trinta e cinco professoras.

O diretor estava nessa escola há um ano. Encontrou-a já estruturada, pois tanto a diretora, que permaneceu por quase dez anos, quanto a assistente, que respondeu pelo cargo nos últimos cinco anos, trabalharam com empenho e envolvimento.

O diretor formou-se no curso de História, em 1967, passou no concurso para diretor em 1971 e fez o quarto ano normal em 1972 para complementar o currículo pedagógico. Desde 1973 trabalhava como diretor, sendo esta escola sua segunda experiência na função. A primeira tinha sido numa escola de periferia, que funcionava em quatro períodos e apresentava muitos problemas. Na escola Gama, procurava manter o padrão de organização encontrado.

Como não havia coordenador, o diretor dividia o trabalho pedagógico com a assistente: esta coordenava a pré-escola (possuía o curso de especialização de pré) e ele supervisionava o trabalho da 1ª à 8ª série, atendendo às professoras com mais dificuldades e assinando regularmente (ele ou a assistente) os diários de 1ª a 4ª série.

A assistente de direção estava na escola há dez anos. Assessorava o diretor em várias tarefas, entre elas "descobrir" boas professoras quando necessário: observava as candidatas na Delegacia de Ensino e, quando percebia uma melhor, pedia ao delegado ou funcionário correspondente para designá-la à sua escola. Respondia por toda a orientação pedagógica na falta do diretor, parecendo ser mais atuante do que ele na orientação da 1ª à 4ª série.

Das trinta e cinco professoras, vinte (a maioria efetiva) lecionavam do pré à 4ª série e quinze da 5ª à 8ª (sete efetivas).

Nessa escola existia uma diferenciação interna entre professoras principalmente a partir de dois critérios: situação funcional (efetiva ou ACT) e tipo do trabalho pedagógico (polivalente, "professor I", ou especialista, "professor III").[2] Entre esses dois critérios havia um terceiro: a antiguidade. Em geral, as professoras mais antigas eram as polivalentes, tendo vivido grande parte da história da escola. Muitas delas moravam no bairro e demonstravam maior envolvimento com o trabalho. As professoras polivalentes afirmavam que elas se preocupavam com o comportamento dos alunos, sua "moral", e as professoras especialistas "só davam aula e iam embora".

As professoras especialistas, que chegaram antes e depois da integração dos estabelecimentos, foram contratadas a título precário. Aos poucos, algumas efetivas também assumiram, constituindo, em 1980, apenas a metade. Segundo a assistente, eram as efetivas que realizavam bom trabalho, colaborando com a escola, fixando-se no bairro. Um dado concreto que confirmava algumas dessas afirmações

---

2. Esta diferenciação interna entre professores já havíamos encontrado em outra investigação promovida junto à rede municipal de educação, em São Paulo. Consultar Penin (1980).

era o grande número de faltas das professoras: maior entre as professoras ACT do que entre as efetivas e, dentre estas, as especialistas. Em setembro, foi chamada a atenção de uma professora ACT, que já havia dado quarenta e cinco faltas intercaladas, estando, portanto, sujeita à demissão. A vinda de grande número de professoras efetivas naquele ano, a partir da remoção, foi recebida com satisfação na escola.

Quanto à jornada de trabalho, as professoras especialistas, em sua maioria, completavam quarenta horas em diferentes estabelecimentos. Entre as polivalentes era significativo o número das que dobravam o período. O acúmulo de trabalho diminuía o contato entre elas e parecia interferir na qualidade do seu relacionamento. A escola, organizando os recreios separados por classe, também contribuiu para o distanciamento entre as professoras.

3.2. O momento institucional da obra

Se a história e a dinâmica da escola Gama construíram uma situação satisfatória para o trabalho escolar, o mesmo não acontecia com as interferências institucionais. Tanto na escola Gama quanto nas escolas Alfa e Beta, as decisões institucionais ocasionaram momentos disruptivos no trabalho escolar.

A remoção de professoras em dois momentos — fevereiro e agosto — também influiu negativamente no trabalho pedagógico da escola. A remoção do início de ano aconteceu durante e depois da semana de planejamento, atrapalhando-o. As professoras que chegaram depois do planejamento entraram em classe sem conhecer os dados da escola e dos alunos. Em agosto, houve troca de quatro professoras, uma de 1ª série, uma de 2ª e duas especialistas de 5ª e 8ª séries.

Outro momento disruptivo do trabalho, provocado por medida institucional, foi a convocação de docentes para realizarem curso de aperfeiçoamento durante o período letivo. Em agosto, foram convocadas pela delegacia de ensino duas professoras (de 1ª e 4ª séries) para um curso em educação especial, com duração de uma semana. Independentemente da boa intenção da delegacia, as classes ficaram sem aulas uma semana, sendo que uma delas era uma 1ª série fraca.

Os momentos de interferência institucional provocaram suplementarmente a fragmentação do trabalho escolar. Suplementarmente porque o trabalho rotineiro nas escolas públicas já fragmenta a prática pedagógica. A escola Gama não era exceção nesse sentido, como veremos a seguir.

4. O ritmo e a organização do trabalho escolar: combate entre cotidianidade e sua superação

A organização do trabalho era orientada não só pela divisão racional das atividades do cotidiano mas também pela divisão racional do tempo (época e duração) em que as atividades se desenvolviam.

A busca de homogeneidade e a fragmentação do trabalho escolar, usual nas determinações oficiais da rede, foram perseguidas e assumidas na maior parte do trabalho cotidiano desta escola. Contudo, algumas práticas indicadoras de resistência à programação desse cotidiano foram identificadas. Algumas faziam supor avanço na solução dos problemas educativos, outras não, apesar de permanecerem válidas como tentativas.

Contra a homogeneidade relativa à sistemática de planejamento, a orientação da escola era manter a elaboração dos planos de ensino burocraticamente orientados acrescidos de "diários" mais funcionais e condizentes com o ritmo de aprendizagem das diferentes classes. Esta prática representa uma maneira de se quebrar a homogeneização do processo "oficial" de planejamento e mostra até onde vai o alcance nefasto da racionalidade burocrática: duplicação de atividades da professora — uma atendendo à burocracia, outra à exigência do próprio trabalho.

Diante da heterogeneidade do aproveitamento entre as diferentes classes, outra prática dos educadores desta escola procurava romper com a homogeneidade usual dos programas de ensino. Na 1ª série, por exemplo, as professoras retiravam itens de Matemática para terem mais tempo de trabalhar com a alfabetização. Tal prática trazia problemas para as séries seguintes. Esses problemas foram em parte contornados através de outra decisão da escola que foi estabelecer uma professora coordenadora de área por disciplina para as oito séries. Tal decisão buscava garantir o fluxo vertical do ensino, evitando a fragmentação do saber. De fato, ao contrário de muitas escolas da rede, as professoras de 5ª série não reclamavam da falta de pré-requisitos dos alunos.

Mais uma resistência contra a fragmentação do trabalho escolar foi identificada pela prática do diretor e de sua assistente em discutir o rendimento dos alunos de forma conjunta e, no caso dos "conselhos", discutir os problemas das classes como um todo e não só o caso de alunos individualmente.

Da prática cotidiana desta escola resta lembrar a dificuldade dos seus elementos em lidar com os pais de origem socioeconômica inferior. Enquanto os pais eram em sua maioria socialmente semelhantes ao grupo de educadores, a relação escola-família foi tranquila. Os pais economicamente desfavorecidos que começaram a matricular seus filhos a partir de determinada época não se relacionavam diretamente com a escola. Discutiremos a questão da relação entre escola e origem socioeconômica dos pais no capítulo VIII, ao confrontarmos dados referentes às quatro obras.

CAPÍTULO VII
A obra Delta

1. O texto social: a escola e sua história

A escola Delta localiza-se no bairro Alto do Retiro, distante cerca de 20 quilômetros do centro da cidade. Em 1980, como ainda hoje, era um bairro relativamente tranquilo, estritamente residencial, agradável, com ruas arborizadas, calçadas ladeadas por gramas e arbustos, com número significativo de "pracinhas", casas elegantes, rodeadas por jardins, enfim, um bairro típico da alta classe média paulistana.

A escola Delta constituía-se de três prédios, sendo que o primeiro, de dois andares, visível da rua, não era muito grande, confundindo-se com as amplas residências vizinhas. O segundo prédio, construído na mesma data do anterior, constava de um pátio amplo e coberto, duas salas de aula utilizadas pelo pré-primário, uma cantina, quatro banheiros, uma lojinha e a residência dos caseiros. O terceiro prédio, construído pela APM e inaugurado no final de 1969, constava de quatro salas de aula, uma sala-ambiente para aulas de ciências, dois banheiros e uma ampla sala para as professoras. Uma passarela coberta ligava este prédio ao pátio.

A aparência geral da escola era agradável: as salas de aula tinham amplas cortinas de algodão e várias salas (todas as do prédio novo e algumas do prédio antigo) eram adornadas com plantas, presas às paredes ou assentadas sobre os parapeitos das janelas. Nas salas do prédio novo as mesas das professoras eram cobertas por toalhas, lembrando os colégios de freiras de outrora.

Saindo desta visão mais geral favorável e atendo-se a pormenores, especialmente à limpeza, a escola deixava de ser o primor da primeira impressão. Os vidros das salas e os pisos dos corredores estavam sujos e os móveis empoeirados. Deduzia-se haver falta de pessoal de limpeza para a manutenção de rotina. Apesar disso, era uma escola acolhedora.

A escola Delta foi criada em março de 1964 com a designação de Grupo Escolar, através de solicitação da população do bairro à Secretaria da Educação. Nesse ano assumiu a diretora que permanecia no cargo até a data desta investigação. Em fevereiro de 1970 passou à Escola Integrada Grupo Escolar-Ginásio, dentro da experiência que se iniciava no estado e que antecedeu, na prática, à Lei n. 5.692/71. Finalmente, em outubro de 1975, recebeu a denominação de Escola de Primeiro Grau. A implantação do 1º grau em oito anos em 1971 não alterou a prática que vinha se desenvolvendo nessa escola, pois a direção continuou a mesma, assumindo as séries novas que iam se criando, sucessivamente, a partir de 1972. Entretanto, a diretora, segundo depoimentos de professoras, sempre se identificou mais com o trabalho das séries iniciais. Ela própria afirmou que não gostou da integração, apesar de ter lutado por ela, pois considerava que ali existiam duas escolas, com características distintas. Procurou sempre organizar a escola separando os alunos da 1ª à 4ª série e os da 5ª à 8ª.

Semelhante à situação encontrada na escola Gama, a procura da escola Delta pela população sofreu alterações quanto à quantidade e características socioeconômicas da clientela. No que se refere à dimensão da demanda, a Tabela 10 mostra essa história.

Observa-se que, desde sua criação até 1980, a quantidade de alunos se alterou (considerando-se as matrículas do início do ano),

TABELA 10

Número de classes e de alunos por série e ano (Escola Delta)

Série/Ano	1964	1965	1966	1967	1968	1969	1970	1971	1972	1973	1974	1975	1976	1977	1978	1979	1980
1ª	2	2	4	4	5	4	4	4	4	4	4	4	5	5	5	4	3
2ª	1	2	3	4	4	4	4	4	4	4	4	4	5	5	5	4	4
3ª	1	2	3	3	4	4	4	4	4	4	4	4	5	5	5	4	4
4ª	1	2	2	3	3	3	4	4	4	4	4	4	5	5	5	4	4
5ª	1	1	1	1	2	4	4	4	4	4	4	4	6	6	5	4	4
6ª	—	—	—	—	—	—	—	4	4	4	4	4	5	6	5	4	3
7ª	—	—	—	—	—	—	—	—	4	4	4	4	5	4	5	4	4
8ª	—	—	—	—	—	—	—	—	—	4	4	4	5	4	3	4	3
Total de salas	4	9	13	15	18	19	20	24	28	32	32	32	41	40	38	32	29
Matrícula inicial	111	317	515	569	653	695	841	1.026	1.262	1.462	1.463	1.462	1.444	1.464	1.394	1.173	1.100
Matrícula efetiva	108	317	507	561	643	690	829	1.018	1.240	1.411	1.260	1.436	1.404	1.375	1.321	1.095	971

passando por um período de crescimento até 1977 (auge entre 1973 e 1977), diminuindo progressivamente a partir daí. A diminuição sugeria tendência a continuar, pois era significativa na 1ª série: apenas três classes em 1980, quando tinha havido cinco nos anos de pico e quatro durante muitos anos.

A escola funcionava em apenas dois períodos, no diurno. A diretora justificou o não funcionamento da escola no período noturno pela inexistência de linhas de ônibus em frente à escola. Entretanto, uma avenida movimentada, por onde transitavam várias linhas de ônibus, ficava a cinco quadras dali.

Os alunos da 5ª à 8ª série tinham cinco horas e vinte minutos de aula, portanto, uma hora e vinte minutos a mais do que os alunos das outras escolas da rede. Esta vantagem permitia prever bom rendimento escolar. Além disso, a existência da pré-escola, frequentada pela totalidade dos alunos da 1ª série, possibilitava melhor rendimento no processo de alfabetização.

2. O aluno da escola

Nos anos anteriores a 1980 houve mudança tanto no número de alunos quanto no seu perfil socioeconômico. A saída de alunos da classe média alta, moradores do bairro, coincidiu, segundo a assistente de direção, com a "invasão" da escola por filhos de "japoneses", que mudaram para os novos prédios construídos na região. Este evento, aliado ao aumento do número de crianças de 1ª e 2ª séries assistidas pela APM, levou a assistente a afirmar que a escola estava ficando com população mais "carente". Informações obtidas com a diretora e observações efetuadas na porta da escola e nas reuniões confirmaram a existência de alguma diferenciação entre os pais, evidenciada através da expressão oral e do modo de se vestir. Entretanto, considerando-se a escola como um todo, a maioria das crianças era proveniente de famílias das camadas médias.

Pode-se afirmar que a maioria das famílias preenchia as condições mínimas para assegurar um aproveitamento escolar satisfatório dos seus filhos. Em primeiro lugar, os pais tinham pelo menos escolarização básica. Em segundo, era alta a porcentagem de alunos provenientes de famílias constituídas (pai e mãe morando juntos). Finalmente, era grande o número de pais que compareciam à escola a pedido ou espontaneamente e que atendiam às solicitações especiais das professoras. Como pais de classe média típicos, eram comprometidos com a vida escolar dos filhos não só no que se referia ao aspecto instrucional como ao educacional mais amplo, cooperando, por exemplo, nas festas da escola e participando na APM.

Vejamos, a seguir, o rendimento escolar dos alunos em termos de índices de aprovação, repetência e evasão, de 1971 a 1980 (Tabela 11).

Observa-se que, de 1971 até 1976, os índices de promoção eram excelentes, em todas as séries, raramente descendo abaixo de 90%. De 1977 a 1979, nota-se queda gradual do rendimento nas séries de 5ª a 8ª, notadamente a 5ª, melhorando em 1980.

A existência e a manutenção, nesta escola, de altos índices de rendimento de 1ª a 4ª série, assim como a relativa queda dos índices de rendimento de 5ª a 8ª depois de 1977 podem ser explicadas pelas diferenças na organização e na prática cotidiana de cada um desses níveis de ensino, incluindo aí a trajetória institucional distinta de professores e alunos. É o que veremos em seguida.

3. A situação e o momento institucional da obra

3.1. A situação da obra

Os recursos desta escola eram bons e mesmo excepcionais se considerarmos a realidade da maioria das escolas da rede, na época.

Quanto aos recursos físicos, sobravam salas em 1980, devido à queda no número de matrículas. Havia vinte e nove classes em fun-

COTIDIANO E ESCOLA

TABELA 11
Resumo das porcentagens de promoção, repetência e evasão por ano e série (Escola Delta)

Série	1971	1972	1973	1974	1975	1976	1977	1978	1979	1980
Promoção										
1ª	94,36	97,95	97,95	98,69	92,20	95,29	92,39	89,41	88,19	98,23
2ª	95,45	98,31	91,19	96,44	96,02	100,00	97,71	92,59	95,00	87,21
3ª	95,02	93,44	95,32	91,95	91,66	93,88	87,57	93,88	99,27	87,50
4ª	91,35	94,41	95,18	95,42	97,47	99,42	91,20	93,60	93,42	78,16
5ª	86,02	91,39	96,89	91,15	99,49	99,06	83,51	73,60	64,58	82,99
6ª	87,41	91,62	93,58	95,92	95,09	93,05	78,78	72,98	84,82	74,73
7ª	—	95,23	95,08	95,46	90,48	96,32	76,87	69,02	72,35	74,45
8ª	—	—	98,74	98,85	98,78	98,66	93,43	80,00	71,96	87,73
Total	91,60	94,62	95,49	95,48	95,14	96,96	87,63	83,10	83,65	83,87
Repetência										
1ª	5,64	2,05	2,05	1,31	7,8	4,71	5,84	8,23	11,80	7,96
2ª	4,55	1,69	8,81	3,56	3,98	—	1,71	5,55	5,0	5,26
3ª	4,98	6,56	4,68	8,05	8,34	6,12	12,42	4,44	0,72	5,14
4ª	8,65	5,59	4,29	4,58	2,53	0,58	8,49	5,23	6,57	16,90
5ª	12,91	6,46	3,11	8,33	0,51	0,94	15,38	25,26	35,41	12,24
6ª	11,93	7,86	4,82	3,57	4,37	6,95	19,91	24,13	15,17	21,05
7ª	—	4,77	4,92	2,84	9,52	3,68	22,44	28,20	27,64	20,43
8ª	—	—	0,63	1,15	0,61	0,67	6,56	20,0	21,21	5,66
Total	8,11	4,99	4,16	4,17	4,70	2,95	11,55	14,90	14,44	11,83
Evasão										
1ª	—	—	—	—	—	—	1,75	2,35	1,38	0,88
2ª	—	—	—	—	—	—	0,58	1,82	0,71	0,75
3ª	—	—	—	—	—	—	—	1,66	—	2,20
4ª	—	—	0,53	—	—	—	—	1,16	0,65	0,70
5ª	1,07	2,15	—	0,52	—	—	1,09	1,05	6,25	2,04
6ª	0,66	0,52	1,60	0,51	0,54	—	1,29	2,87	2,75	—
7ª	—	—	—	1,70	—	—	0,68	1,08	0,81	1,45
8ª	—	—	0,63	—	0,61	0,67	—	—	3,03	1,88
Total	0,28	0,38	0,72	0,34	0,14	0,08	0,67	1,49	1,94	1,23

Obs.: Na evasão, não foi computado o número de alunos transferidos, apenas os desistentes.

cionamento, enquanto em anos anteriores tinha havido quarenta e uma. O número médio de alunos por classe em junho de 1980 era trinta e três. O espaço para aulas de Educação Física constava de uma quadra de esportes; entretanto, a escola utilizava regularmente o Centro Esportivo da Prefeitura, vizinho à escola, para o qual existia até um portão de comunicação.

A escola contava ainda com um consultório dentário, uma biblioteca (com bibliotecária), uma cantina e uma lojinha para compra de roupas e materiais escolares. O dentista passava todos os dias pela escola e atendia até a casos de "dores de cabeça" dos alunos. A cantina e a lojinha tinham pessoas responsáveis por elas e eram mantidas pela APM. A cantina possuía caráter diferenciado em relação a outras escolas: cobria o fornecimento de merenda aos alunos, possibilitando à escola dispensar a fornecida pelo Estado. Os alunos preferiam comprar lanche na cantina e os que não tinham condições de comprar eram assistidos pela APM, podendo retirar lanche como os demais, em geral, sanduíches e guaraná.

Quanto aos recursos materiais, havia praticamente tudo de que se necessitava para o trabalho didático: mimeógrafo, armários em número suficiente, até um piano. Os materiais que iam se deteriorando eram repostos com o dinheiro da APM.

Os recursos humanos referentes à área administrativa e de apoio, mantidos pelo Estado, eram insuficientes, conforme as demais escolas da rede, mas a APM supria algumas das deficiências neste setor, cobrindo as despesas de um porteiro, um servente, um escriturário, um segurança e um jardineiro (e faxineiro). Assim mesmo, a diretora afirmava que havia insuficiência de recursos humanos para cobrir a área administrativa devido à pesada carga de trabalho burocrático a que as escolas entovam sendo submetidas pela instituição.

Quanto aos recursos humanos ligados à área educacional, a escola contava, em 1980, com: diretora, uma assistente e quarenta e duas professoras, todas efetivas, sendo quinze professoras I (1ª à 4ª série) e vinte e sete professores III (5ª à 8ª). Não havia coordenadora pedagógica, sendo que a direção cobria as funções desta na medida do possível.

A diretora era um elemento fundamental na organização dessa escola, dependendo de sua orientação ou autorização a prática cotidiana de todo o pessoal. A história da escola refletia a trajetória profissional da diretora. Ela "montou" a escola desde seu "alicerce" e isto quase literalmente, pois foi a partir de sua coordenação que as primeiras professoras saíram às ruas do bairro pedindo às indústrias e empresas locais financiamento para a construção de mais salas além das cinco iniciais. Seu envolvimento com a escola sempre foi intenso. Segundo depoimento das professoras mais antigas e através da observação da prática dos diversos elementos da escola, o bom rendimento dos alunos representava desafio pessoal para ela. De fato, toda a organização da escola era decidida tendo em vista o bom aproveitamento dos alunos. No afã de atingir este objetivo a diretora, sempre que podia, ia até as salas de aula, olhava os cadernos de alunos, escrevia bilhetinhos de estímulo em seus cadernos, pedia às professoras que lhe enviassem as provas dos alunos. Sua presença, se desejável em alguns momentos, tornava-se excessivamente centralizadora em outros. As reuniões de pais e mestres, em 1980, foram dirigidas por ela, ficando as professoras como figuras secundárias, apenas atendendo aos pais no final, em particular.

O momento de desequilíbrio da atuação da diretora aconteceu quando, em 1977, todas as professoras III não efetivas foram substituídas por efetivas. A autoridade legítima que mantinha sobre as professoras antigas não continuou sobre as novas. No item 4, a seguir, exporemos as razões de tal rompimento.

Quanto à assistente, sua atuação dependia das determinações da diretora. Seu respeito e total aceitação da direção eram visíveis no seu modo de argumentar e proceder.

Algumas características funcionais das professoras, aliadas à história e à prática dos vários elementos da escola, explicavam algumas ações docentes que influíam no rendimento dos alunos. Como a história das professoras I e III era distinta, descreveremos esse aspecto separadamente.

As professoras I, que foram assumindo as classes após a criação da escola, ainda estavam lá em 1980 (total de 15).

Acreditamos que a situação de chegar à escola como efetivas no momento em que ela era criada favoreceu o envolvimento positivo das professoras com o trabalho. Seus depoimentos e os da diretora confirmam esta suposição de envolvimento, revelando o esforço de todas para que os alunos obtivessem bom rendimento escolar. Outro fator facilitador do envolvimento positivo das professoras com a escola provinha da proximidade de sua residência. Várias professoras I moravam nas redondezas, conheciam os pais dos alunos, encontrando-se com eles em situações do cotidiano fora da escola. Envolvimento, dedicação e interesse, características muitas vezes apontadas como idiossincráticas, eram encontradas nessas professoras como resultado das condições de vida e de trabalho. Participação na história da escola desde sua criação e domicílio na própria comunidade foram variáveis importantes no surgimento daquelas características pessoais. Um resultado objetivo do envolvimento das professoras desta escola era o índice mínimo de faltas computado no final do ano.

Outro fator encontrado nas características das professoras I, que deve ter mantido relação com o nível de dedicação das mesmas, foi o exercício do regime parcial de trabalho. No conjunto das professoras I de São Paulo em 1980, trabalhar num só período era uma situação rara devido aos baixos salários do magistério.

Eram diferentes as características das professoras I e III. As professoras III — com exceção das de 5ª série, que permaneciam lá desde o início — começaram a chegar à escola a partir de 1971, quando a 6ª série foi aberta. Elas não vivenciaram a construção da escola, com todo o envolvimento que isto acarretou nas pessoas. Além disso, de 1970 a 1977, as professoras III eram ACT, cientes de sua situação provisória. De fato, em 1977, foram todas substituídas por efetivas.

A história das professoras III, seja no primeiro momento, as contratadas, seja no segundo, as efetivas, comparada à das professoras I, reunia condições suficientes para esperar diferenças significativas no rendimento escolar dos alunos nas várias séries, o que de fato ocorreu, como mostram os dados de rendimento dos alunos.

3.2. O momento institucional da obra

As duas decisões tomadas pelo sistema de ensino em 1980, que tiveram consequências negativas nas escolas Alfa, Beta e Gama, foram: remoção de professoras em dois momentos do ano letivo e treinamento de professoras das primeiras séries em novo método de alfabetização quando estas já haviam iniciado o trabalho com o seu "método". A descrição do funcionamento da escola Delta em 1980, em especial as condições funcionais das professoras I, mostra que as decisões institucionais mencionadas acima não a abalaram. Em primeiro lugar, todas as professoras eram efetivas, não entrando suas classes em remoção. Em segundo lugar, a experiência das docentes das primeiras séries, aliada à história dos bons resultados escolares de seus alunos (todos tinham frequentado a pré-escola), não apresentava motivo para que fossem treinadas em novos métodos de alfabetização. Como registramos, o treinamento do novo método de alfabetização foi proposto apenas para determinadas escolas da rede.

4. O ritmo e a organização do trabalho escolar: combate entre cotidianidade e sua superação

Decisões básicas de organização escolar, referentes à formação de turmas de alunos por série e distribuição das professoras pelas classes (problemáticas nas escolas onde era grande tanto o quadro, quanto a rotatividade de professoras), não constituíam problemas na escola Delta. Quanto à formação de turmas de alunos, o fato de estes terem frequentado a pré-escola garantia grande homogeneidade entre as diferentes classes. Já na distribuição de classes, em geral as professoras se mantinham naquelas em que eram bem-sucedidas. A mudança de série, se desejada por algumas delas, era realizada de comum acordo. Também não havia problemas de distribuição das séries por períodos, pois em ambos funcionavam todas as séries.

A excelência do rendimento escolar dos alunos da 1ª à 4ª série desta escola pode ser explicada por vários fatores, entre os quais dois se sobrepunham. Primeiro, as condições quase ideais de infraestrutura, fruto da época em que foi criada e das características da clientela que atendia; segundo, a história dos agentes pedagógicos e da clientela. A história desses agentes pedagógicos era notável, considerando-se a manutenção de grande parte do corpo docente e da diretora por longos anos, favorecendo o seu comprometimento e a sua responsabilidade para com os objetivos da escola. Quanto à relação escola-família, as práticas existentes refletiam o interesse e a possibilidade que ambos os lados desenvolviam para proporcionar juntos excelente qualidade de ensino. No caso dos pais, este é um interesse típico de pais da classe média.

Esses dois fatores, tomados de forma ampla, tornaram-se facilitadores de práticas e processos específicos que orientavam o movimento da escola contra a cotidianidade. Essas práticas representavam, às vezes, oposição à homogeneidade de práticas institucionalizadas, fetichizadas; outras vezes, oposição à fragmentação do tempo e atividades escolares, também institucionalizadas e assumidas sem discussão no interior da escola pública. Manifestações dessas práticas provinham de agentes identificados. Por exemplo, a diretora e as professoras mais antigas desenvolviam tipos de avaliação de alunos que se contrapunham às normas "legais" da instituição ou às práticas usuais da maioria das escolas. Contra a homogeneização institucional dos "momentos legais" de avaliação, essas educadoras realizavam segunda ou terceira época de avaliação e organizavam atividades concretas para que, no intervalo entre uma e outra, os alunos pudessem estar melhor preparados. As professoras efetivas, ao chegarem, interromperam ou tentaram interromper essa prática. Essas professoras, não comprometidas com a história da escola, queriam o atendimento à "legalidade", ou seja, a realização de apenas uma avaliação final, mesmo sabendo que com isso rebaixariam os índices de aprovação da escola (muito superiores aos da rede). Entendemos que elas lutavam, na prática, por um "profissionalismo de fachada", na medida em que impunham a permanência das normas burocráticas contra práticas que podiam melhor atingir os objetivos finais da escola: ensinar-aprender.

Outra prática que divergia da orientação homogeneizadora do cotidiano escolar foi o aumento do tempo de aula. É verdade que a possibilidade de estender o horário se deveu ao fato de haver diminuído a demanda, permitindo a redução do número de períodos de funcionamento da escola. Entretanto, esta folga de horário foi utilizada em proveito de um melhor ensino.

A fragmentação do cotidiano escolar estava presente nesta escola como em todas as da rede: era comum, por exemplo, a separação de funções entre os vários agentes pedagógicos. Contudo, na busca de melhor rendimento, a diretora quebrava a função usual que lhe cabia, de caráter mais administrativo, e dava ela própria "aulas de recuperação" para os alunos. Era uma prática quase heroica da diretora e só possível diante das boas condições de infraestrutura e do tamanho da escola. De qualquer maneira, independente do quixotismo da atitude, ela mostrava uma forma de solução possível dos problemas escolares, isto é, unificar a fragmentação do processo educativo que, em algum momento da história da educação, começou a existir. Deixar de entender a escola como empresa, burocraticamente organizada (fragmentada), pode ser um primeiro passo para voltarmos aos objetivos originais da escola, impedindo a programação improdutiva do cotidiano escolar e resistindo à cotidianidade.

Práticas e processos que levaram à quebra da programação do cotidiano representaram a busca do tempo natural das atividades escolares, notadamente a atividade de aprendizagem dos alunos. A extensão da escolaridade, iniciada na pré-escola, a extensão do horário escolar diário e a extensão do tempo de aprendizagem, através da recuperação contínua e exames de segunda época, representaram reverência ao tempo natural de aprendizagem contra o tempo racional burocraticamente estabelecido.

Resumindo, a história da construção da obra Delta mostra que as determinações institucionais encontravam movimentos diferenciados no interior da escola, que esses movimentos geravam conflitos entre os agentes pedagógicos e que ocasionavam práticas e processos educativos próprios, caracterizando a obra como presença única.

CAPÍTULO VIII

Confronto entre as quatro obras

1. A lógica da diversidade das escolas públicas: "escola pobre para o aluno pobre"

O estudo das quatro obras possibilitou comparar escolas que iniciaram sua construção social em momentos históricos diferentes e que foram criadas para servir a diferentes clientelas e necessidades sociais. Apesar de semelhanças entre algumas delas, cada escola se apresentava como obra única, resultado de uma singular e permanente construção social. Nosso objetivo foi apontar práticas e processos sociais presentes num momento específico da construção de cada escola (especialmente os que se referiam à relação escola e classes populares) e identificar a lógica ou critério dessas práticas e/ou processos. Retomaremos alguns desses eventos comparativamente.

1.1. História e histórias particulares

Reportando-nos à história das quatro escolas, verificamos diferenças no seu processo de desenvolvimento. As mais antigas, Gama e Delta, criadas em 1964, em zonas mais centrais, para servir a alunos provenientes das camadas médias, vinham perdendo clientela ao longo dos anos, ao passo que as mais recentes, Alfa e Beta, criadas em 1976 na periferia da cidade e destinadas à classe trabalhadora, aumentavam progressivamente suas matrículas.

A diminuição de clientela nas escolas mais antigas se deveu principalmente a duas razões. Primeira, à tendência de a população pertencente às camadas médias procurar, nos anos 70, escolas particulares para seus filhos, oportunizada pela política e subsídios do governo à iniciativa privada que possibilitou a expansão dessas escolas. A segunda razão relaciona-se ao movimento, característico desse período, representado pela saída da população mais pobre de bairros como o da escola Gama para regiões distantes, devido à exploração imobiliária.

O aumento de matrículas nas escolas mais recentes também se deu por dois motivos: ao rápido crescimento industrial de São Paulo, que atraiu para a região grande contingente populacional à procura de trabalho e ao propósito do governo federal, expresso pela Lei n. 5.692/71, referente à Reforma do Ensino do 1º e 2º graus, de estender o maior número de anos da escolarização básica ao maior número de indivíduos. Este último motivo, por sua vez, relacionava-se a duas causas principais. Uma, ao atendimento à exigência do modelo de desenvolvimento econômico adotado, que precisava de trabalhadores escolarizados. Outra, à pressão popular por mais escolas nos bairros periféricos. Todos esses acontecimentos provocaram aumento de procura por vagas e medidas oficiais de atendimento a esta demanda. Tais medidas resultaram em intensa criação de escolas, insuficientes, pois rapidamente se superlotavam e passavam a recusar alunos, ainda que aumentassem os períodos de atendimento. Alfa e Beta foram testemunhas desse fenômeno.

O fato promissor de aumento de vagas e de escolas apresentava uma contrapartida perversa, porque nos anos em que mais se construíram escolas as dotações federal e estadual para a educação foram as mais baixas (ver Gráfico 1). A pauperização do serviço público logo se fez evidente. Por um lado, as escolas instaladas nesse período — primeiro em barracões e depois em prédios de alvenaria — não receberam as condições mínimas para seu funcionamento. Por outro lado, os salários dos professores sofreram perdas sucessivas. A política vigente — atrelada ao modelo de desenvolvimento econômico que privilegiou o rápido crescimento do mercado e de bens de consumo duráveis, com recursos externos (milagre brasileiro), em detrimento da qualidade de vida da grande maioria da população ("arrocho salarial") — atendeu parte de seus propósitos, isto é, escolarizar grandes contingentes de mão de obra e parte dos interesses da população — o acesso à escola —, mas inviabilizou uma escolarização de qualidade para a clientela.

Gama e Delta, criadas antes do rápido crescimento populacional da cidade e do corte dos gastos do Estado com a educação, receberam melhor tratamento em nível de infraestrutura e de recursos para um funcionamento adequado. Além disso, estas escolas sempre contaram com a colaboração efetiva dos pais, em sua maioria provenientes das diversas camadas médias. O "bom" começo propiciou a construção de uma história que, mesmo nos anos que contou com diminuta ajuda oficial, garantiu nível satisfatório de funcionamento.

Retomaremos, a seguir, sintética e comparativamente, os dados referentes às condições objetivas das quatro obras em 1980, resultado das contingências históricas, incluindo aquelas construídas pelo conjunto dos agentes pedagógicos em suas relações sociais.

a) As histórias na definição da situação e momento institucional da obra

A história de cada escola foi construindo, ao longo dos anos, condições singulares de existência. Vejamos como algumas dessas condições se concretizaram em 1980 com relação aos recursos básicos para seu funcionamento.

A Tabela 12 permite observar que a infraestrutura encontrada nas escolas Gama e Delta possibilitava condições de trabalho supe-

TABELA 12
Comparativo dos recursos físicos, materiais e humanos, sua proveniência e utilização nas quatro escolas, com o respectivo número de alunos atendidos

Recursos		Escolas			
		Alfa	Beta	Gama	Delta
1. *Recursos físicos e ocupação*					
Nº de salas (construídas por)		18 (Est.)	18 (Est.)	15 (Est.)	18 (APM e Est.)
Nº de classes (salas em funcionamento)		54	58	29	29
Nº de períodos		3	4	3	2
Nº médio de alunos por classe		40	39	33	33
Nº de alunos		2.102	2.178	1.015	1.100
2. *Recursos materiais e utilização*					
Biblioteca	em funcionamento		—	x	x
	sem funcionar	x	—		
Gabinete dentário	em funcionamento		—	x	x
	sem funcionar	x	—		
Laboratório (obtenção)				x (APM)	
Nº de mimeógrafos		2	1	2	2
Projetor de filme		—	—	1	1
Projetor de *slides*		—	—	3	2
Aparelho de TV		1	—	—	—
Vitrola		1	—	—	1
Gravador		1	—	1	1
Piano		—	—	—	1 (APM)
3. *Recursos humanos*					
Diretor (tempo na escola)		3 anos	iniciando	1 ano	16 anos
Assistente de direção (tempo na escola)		3 anos	4 anos	10 anos	5 anos
Coordenadora Pedagógica (tempo na escola)		3 anos	2 anos	—	—
Coordenadora de Saúde		x	—	—	—
Nº de professoras		56	68	35	42
Nº de funcionários administrativos e de apoio — Total:		10	4	8	11
a) mantidos pelo Estado		6	3	5	7
b) mantidos pela APM		4	1	3	4

riores àquelas encontradas em Alfa e Beta. Apesar de o tamanho das escolas não ser muito diferente — o número de salas era quase o mesmo em todas elas —, a ocupação do espaço físico diferia substancialmente, tanto pelo número de turnos, quanto pela média de alunos por classe. Nota-se que o número total dos alunos era praticamente o dobro de um tipo de escola para outro.

Contrastando com o número de alunos atendidos, os recursos materiais e de prestação de serviços (biblioteca e serviço odontológico) eram menores ou inexistentes nas escolas mais populosas e periféricas, cuja clientela mais necessitava de tais recursos. Da mesma forma, os recursos humanos referentes a funcionários administrativos ou de apoio eram em número menor, relativamente ao número de pessoas atendidas e mesmo em números absolutos, como no caso de Beta.

A Tabela 12 permite observar ainda que parte dos recursos existentes nas escolas foram obtidos através da ajuda das APMs, como salas, laboratórios, piano e manutenção de pessoal administrativo e de apoio. Nas escolas que atendiam à população mais pobre, onde a Associação não podia contar com a contribuição financeira regular dos pais, o trabalho destes, das professoras e mesmo dos alunos na organização de festas e bazares era intenso e frequente. Presenciamos preparações emergenciais de bazares para que os funcionários fossem pagos no final do mês. Apesar do esforço dispendido por todos na arrecadação de fundos para cobrir as despesas correntes, eles não eram suficientes para atender a todas as necessidades. Na escola Delta, a mais privilegiada das quatro, a diretora teve que diversificar os recreios por não ter funcionários que tomassem conta dos alunos.

As professoras, recurso humano fundamental, possuíam perfil profissional diferente conforme a escola considerada, como mostra a Tabela 13.

Observa-se que o número de efetivas era maior nas escolas que serviam às crianças das camadas médias (Gama e Delta) do que naquelas frequentadas pelos filhos da classe trabalhadora. Na esco-

TABELA 13
Comparativo da situação funcional das professoras nas quatro escolas

Professoras		Escolas			
		Alfa	Beta	Gama	Delta
Nº de professoras I	Total	41	46	20	19
	Efetivas	31	5	18	19
Nº de professoras III	Total	13	22	15	23
	Efetivas	1	—	7	14
Total de professoras		56	68	35	42
Total de professoras efetivas		32	5	25	33
Porcentagem de professoras efetivas		57,14	7,35	71,42	78,57

la Beta, onde foram encontrados os maiores problemas de organização escolar, era muito pequena a proporção de efetivas. Nota-se que o número de professoras I efetivas era maior do que o de professoras III, em todas as escolas. A importância da situação de "efetiva" pode ser melhor aquilatada na escola Delta, onde a constância das professoras da 1ª à 4ª série assegurava maior homogeneidade e melhor resultado dos alunos do que aquelas da 5ª à 8ª.

Ressalte-se ainda que, apesar de na escola Alfa existir número razoável de efetivas, o número de pedidos de remoção era maior do que nas escolas Gama e Delta, ou seja, a situação funcional "efetiva" não assegurava a permanência da professora nas escolas de periferia. Havia necessidade de maiores estímulos para a sua permanência nessas escolas. Isto pode ser verificado neste estudo pelo significado da vivência das professoras ou diretores no desenrolar da história das escolas. Naquelas onde o corpo docente e a direção participaram de uma história comum, o seu envolvimento e a sua responsabilidade com o destino da escola eram maiores.

O baixo número de efetivas, a falta de maiores estímulos funcionais às mesmas e as dificuldades reais de trabalho existentes nas escolas de periferia eram fatores explicativos da "grande rotatividade das professoras" e de sua frequência. Por sua vez, alta rotatividade, grande número de faltas e pouca vivência na história cotidiana eram obstáculos à consecução de uma boa qualidade de ensino.

A análise comparativa desenvolvida até aqui mostrou diferenças significativas na qualidade dos recursos físico, material ou humano entre as escolas, fornecendo informações sobre a qualidade do trabalho educativo aí realizado. Outros dados foram obtidos pela análise de uma variável quantitativamente estabelecida entre as diferentes escolas: a variável "tempo" — tempo de escolarização do aluno e tempo destinado ao ensino e à aprendizagem escolar, isto é, aos tempos do trabalho pedagógico.

b) As histórias na definição dos "tempos" do trabalho pedagógico

A análise dos tempos do trabalho pedagógico observado nas quatro escolas é facilitada pelos dados mostrados na Tabela 14.

TABELA 14
Dados comparativos do tempo de escolarização e trabalho pedagógico nas quatro escolas

Eventos		Escolas			
		Alfa	Beta	Gama	Delta
Pré-escola —	Parte dos alunos	—	—	x	—
	Todos os alunos	—	—	—	x
Duração das aulas —	Nível I	3h45'	4h	4h	4h
	Nível II	4h20'	4h	4h	5h20'
Intervalo entre um período e outro		15'	—	5'	1h
Recuperação contínua		—	—	—	x

A tabela revela diferenças objetivas no tempo de escolarização e de trabalho pedagógico diário oferecidos às crianças das quatro escolas. Essas diferenças apontam desvantagem das escolas que atendiam prioritariamente às crianças pobres pela inexistência da pré-escola. Entretanto, a análise das escolas que a possuíam mostrou frequência discriminada dos alunos conforme sua origem socioeconômica. Esta discriminação era notável na escola Gama que, apesar de servir às camadas médias, recebia número considerável de crianças da classe trabalhadora; eram estas que não frequentavam a pré-escola. Um dos motivos para a não frequência dessas crianças à pré-escola era o alto preço do material escolar, apesar da gratuidade do curso. Na escola Delta esta discriminação não existia porque o número de alunos pobres era muito pequeno, sendo suas despesas cobertas pela APM. Esses dados indicam que eram as crianças pobres, que já possuíam outras desvantagens culturais, que não frequentavam a pré-escola. Sua escolarização iniciava-se não aos seis anos, como a maioria das crianças da classe média, mas aos sete.

Outra discriminação das escolas que atendiam às crianças da classe trabalhadora era o tempo real do trabalho pedagógico. A Tabela 14 mostra discrepância no tempo diário de trabalho entre as várias escolas. Considerando-se apenas o nível I, observa-se que, entre as escolas de periferia, uma não completava quatro horas/aula (Alfa) e a outra (Beta), apesar de considerar as quatro horas, não as cumpria na prática, pois o horário não considerava o tempo de saída dos alunos do turno anterior. Na escola Beta, o número de crianças transitando entre os períodos era tão grande que quinze minutos eram insuficientes. A escola Alfa, que descontava quinze minutos, estava apenas assumindo a realidade. Entre as escolas que atendiam às camadas médias, numa, o problema de perda de tempo não existia, pois funcionava apenas em dois turnos, sobrando uma hora de intervalo entre o fim de um e o início do outro; noutra, o problema também existia, mas minorado, pois eram computados cinco minutos de intervalo (o número de crianças transitando era pequeno).

Considerando-se o nível II, a Tabela 14 mostra que também havia diferença nos tempos de trabalho em cada escola. Gama (de alunos das camadas médias) e Beta (de alunos da classe trabalhadora) cumpriam quatro horas/aula. Entretanto, nesta última, repetindo o já encontrado no nível I, não havia intervalo na troca de períodos, o que diminuía, na prática, o tempo de trabalho. Nas outras duas escolas o tempo de trabalho era maior: quatro horas e vinte minutos na Alfa (frequentada por alunos da classe trabalhadora) e cinco horas e vinte minutos na Delta (de alunos das camadas médias). Estes dados mostram discrepância significativa entre o tempo destinado às aulas nas escolas Delta e Beta. Essa diferença torna-se ainda maior se considerarmos que, na escola Delta, eram providenciadas aulas extras para as classes com baixo aproveitamento. Esta era uma situação privilegiada dentro do sistema público estadual, desejável de ser estendida a todas as escolas, especialmente às que contavam com alunos mais necessitados. Entretanto, o quadro que se delineava era o contrário: menos tempo de trabalho nas escolas com alunos sem pré-escola, que já traziam desvantagens culturais e socioeconômicas.

Resta ainda lembrar que, ao longo de 1980, foi subtraído tempo do trabalho pedagógico dos alunos por determinação tanto das próprias escolas quanto da instituição. As escolas de periferia realizavam reuniões pedagógicas quinzenalmente com as professoras de 1ª série, sendo os alunos dispensados duas horas antes nesses dias. No que diz respeito à organização institucional, dois eventos concorreram para subtrair o tempo de aprendizagem dos alunos. Primeiro, foi a requisição das professoras de 1ª série das escolas Alfa e Beta para treinamento com o novo programa de alfabetização no horário de aulas. Segundo, foi a remoção, em março e agosto, quando algumas classes ficaram sem professora durante vários dias. Como as remoções atingiram principalmente as escolas que tinham maior número de professoras substitutas, foram as escolas de periferia as que mais sofreram com isso.

Tempo de trabalho escolar com os alunos, assim como condições básicas de infraestrutura, são variáveis fundamentais na obtenção de determinada qualidade de ensino. A conformação dessas variáveis em cada escola possibilitou a realização de uma determinada prática institucional e o oferecimento de uma qualidade específica de ensino para os alunos. Veremos, a seguir, as especificidades do ensino que conseguimos identificar em cada escola, comparativamente.

c) As histórias na definição da qualidade do ensino

Os dados descritivos da história de cada escola — condições concretas de trabalho e organização do tempo escolar, quer em nível da instituição, quer em nível da própria escola — evidenciam diferenças significativas com consequências previsíveis sobre a qualidade do ensino e possibilidades de aprendizagem dos alunos. Vejamos concretamente como essas diferenças se manifestaram na produtividade escolar, seja quantitativa, seja qualitativamente nas quatro escolas.

Dados quantitativos podem ser mais facilmente identificados a partir da comparação entre os índices de promoção e retenção de alunos mostrados nas Tabelas 15 e 16.

A análise dos dados das tabelas à luz das condições concretas de trabalho em cada escola é de primordial importância. A partir desta comparação pode-se estabelecer a profunda disparidade de escolarização oferecida aos alunos das diversas escolas. As condições concretas de infraestrutura e tempo de ensino existentes nas escolas Alfa e Beta, construídas nos anos 1970 na periferia de São Paulo, comparadas às condições nas escolas Gama e Delta, construídas nos anos 1960 em zonas mais centrais da cidade, evidenciam diferenças tão acentuadas que, independentemente do nível socioeconômico dos alunos matriculados, qualquer criança estaria em desvantagem ao frequentar as duas primeiras. Entretanto, como eram as crianças menos privilegiadas economicamente que frequentavam as escolas com piores condições de funcionamento, podemos afirmar que para as pobres foi oferecida uma escola pobre.

TABELA 15
Resumo comparativo das porcentagens de promoção de alunos, por ano e série nas quatro escolas pesquisadas

Série	1977				1978				1979				1980			
	Alfa	Beta	Gama	Delta	Alfa	Beta	Gama	Delta	Alfa	Beta	Gama	Delta	Alfa	Beta	Gama	Delta
1ª	40,3	30,3	77,2	92,3	37,6	47,3	66,1	89,4	43,6	48,2	64,0	88,1	52,0	52,30	73,41	98,23
2ª	63,0	48,8	84,0	97,7	62,4	73,2	81,0	92,5	63,2	62,5	80,0	95,0	62,7	68,99	85,50	87,21
3ª	64,0	72,1	94,2	87,5	62,3	71,7	97,0	93,8	60,0	79,9	87,0	99,2	71,2	75,40	91,65	87,50
4ª	88,2	89,1	95,3	91,2	82,4	77,9	94,0	93,6	81,2	85,3	88,0	93,4	72,2	84,32	92,78	78,16
5ª	82,6		86,5	83,5	57,9	72,0	78,0	73,6	56,5	62,8	57,0	64,5	65,9	59,54	75,88	82,99
6ª			85,2	78,7	41,4	83,3	86,0	72,9	63,5	69,9	53,0	84,8	67,2	59,15	77,67	74,73
7ª			84,1	76,8			83,0	69,0	81,4	70,4	73,0	72,3	66,1	66,32	79,41	74,45
8ª			88,2	93,4			76,0	80,0			78,0	71,9	78,2	77,77	85,65	87,73
Total	67,65	60,0	86,84	87,63	52,9	70,9	82,62	83,1	56,3	68,42	72,5	83,65	67,06	67,97	82,74	83,87

TABELA 16
Resumo comparativo das porcentagens de retenção de alunos, por ano e série nas quatro escolas pesquisadas

Série	1977				1978				1979				1980			
	Alfa	Beta	Gama	Delta	Alfa	Beta	Gama	Delta	Alfa	Beta	Gama	Delta	Alfa	Beta	Gama	Delta
1ª	47,64	3,96	13,7	5,84	51,3	48,15	4,8	8,23	56,3	41,75	34,0	11,80	35,0	40,68	25,59	7,96
2ª	28,12	7,12	11,9	1,71	37,5	22,90	11,6	5,55	36,7	27,71	14,0	5,0	32,6	23,37	9,5	5,26
3ª	30,84	5,18		12,42	27,0	22,80		4,44	40,0	9,90	11,0	0,72	19,5	16,06	6,35	5,14
4ª	6,86	4,35	1,0	8,49	16,4	15,69	2,4	5,23	18,1	5,79	11,0	6,57	23,4	9,40	6,22	16,90
5ª	8,69			15,38	42,0	16,15	14,3	25,26	43,4	12,37	38,0	35,41	25,4	25,19	20,12	12,24
6ª			11,0	19,91	58,5	8,33	9,4	24,13	36,4	12,39	27,0	15,17	24,7	27,46	22,33	21,05
7ª			11,4	22,44			12,0	28,20	18,1	19,67	22,0	27,64	30,6	21,42	15,59	20,43
8ª				6,56			22,4	20,0				21,21	13,2	6,66	12,35	5,66
Total	24,4	35,4	6,7	11,59	41,4	18,67	11,96	14,90	43,6	18,49	24,63	15,44	25,5	21,28	14,76	11,83

A análise dos dados nos permite ir mais longe. Não somente as escolas pobres da periferia ofereciam à criança condições de ensino de pior qualidade; também as escolas mais antigas, cujas condições faziam prever ensino, de melhor qualidade para a maioria dos alunos, ofereciam às crianças pobres que as frequentavam ensino de pior qualidade. A análise da escola Gama, por exemplo, mostrou que eram as crianças pobres as que não iam à pré-escola. Por este motivo, o trabalho pedagógico inicial dessas crianças já começava diferenciado. Outra questão era a de como os agentes escolares lidavam com esta desvantagem. Isto remete à prática pedagógica desses agentes no cotidiano escolar e não somente às condições objetivas da escola. Retomaremos algumas questões concretas da prática pedagógica cotidiana desenvolvida nas quatro escolas, identificando aspectos reforçadores ou diferenciadores da "programação" escolar para as diferentes classes sociais a que pertencem as crianças da escola pública.

2. Práticas do cotidiano: critério definidor do movimento de construção da escola pública

Como todas as instituições do Estado, a escola é estruturada de forma burocrática, orientando a prática cotidiana para ações formalizadas e repetitivas que procuram: homogeneizar aquilo que é mutável e diferente, fragmentar aquilo que é contínuo ou obedece a um ritmo natural e hierarquizar aquilo que deve convergir para um fim determinado.

As práticas cotidianas dos diversos agentes pedagógicos, contudo, ora cumprem e reforçam a orientação burocrática, ora se contrapõem a ela. Nosso estudo teve o objetivo de captar as contradições e o "movimento" da ordem social presente através da identificação de práticas que submetiam o cotidiano à programação institucional (seja de ordem homogeneizadora, fragmentadora ou hierarquizadora) e práticas que resistiam a tal submissão. As práticas identificadas e registradas nos capítulos dedicados a cada escola serão agora consideradas em seu conjunto, de forma resumida, possibilitando estabelecer comparações entre as práticas dos diferentes agentes pedagógicos no contexto da história e das condições de trabalho das respectivas escolas.

No que se refere à tendência homogeneizadora do processo educativo observamos contradições relacionadas às práticas de avaliação e critérios de promoção de alunos.

A primeira contradição foi constatada pela inadequação entre critério de avaliação e organização das classes. Enquanto a organização das classes se dava segundo critério de semelhança — cada classe com alunos em nível semelhante de aprendizagem —, a avaliação dos alunos se fazia através de provas unificadas para toda a escola.

Igualmente contraditórios eram os critérios de promoção na 1ª série: similares nas duas escolas que mantinham pré-escola (Delta e Gama), assim como numa das escolas de periferia que não a mantinha (Alfa). Entretanto, a outra escola de periferia (Beta), sem pré-escola, adotou critério diferente daquele utilizado no conjunto da rede para promoção dos alunos na 1ª série. Enquanto a escola Alfa adotava o critério oficial de promover alunos para a 2ª série com o domínio das sílabas simples e compostas, a escola Beta aprovava alunos apenas com o domínio das sílabas simples.

A não observação da orientação oficial na escola Beta ou sua "desobediência" ou resistência representou, na prática, o respeito pelo ritmo de aprendizagem dos alunos (que não tinham passado pela pré-escola e provinham, em sua maioria, de um meio não letrado). Representou, sobretudo, considerar a escola do ponto de vista do aluno e não do sistema. Em termos históricos, essa decisão antecipou uma norma que iria ser instituída oficialmente em 1984, estabelecendo período mais elástico para o processo de alfabetização através do chamado "ciclo básico".[1]

---

1. Quanto à decisão oficial de aprovação de alunos das primeiras séries, em 1984, pelo menos dois eventos devem ser analisados. Primeiro, a administração estadual que assumiu

A institucionalização, em 1984, de uma medida que quatro anos antes já existia na prática cotidiana de uma (ou mais) escola reforça uma das proposições teóricas orientadoras deste estudo, isto é, que as práticas cotidianas são a base de decisões institucionais e do Estado e não o contrário. O entendimento de que as decisões se orientam apenas "de cima para baixo" — presente nas representações das professoras, como veremos na terceira parte deste estudo — revela um ponto de vista estático de avaliação dos acontecimentos escolares. Somente a análise histórica capta a relação dialética ou "via de dupla mão" na determinação das medidas institucionais em relação às quais as práticas do cotidiano representam a orientação fundamental.

Além da "desobediência" referente ao critério de promoção de alunos na 1ª série pudemos identificar outras "desobediências" ou práticas "atípicas" no cotidiano das escolas, evidenciando resistência à fragmentação e hierarquização do trabalho educativo. Uma dessas práticas foi manifestada pela diretora da escola Delta quando, quebrando a hierarquização das funções no interior da escola, ministrou aulas de recuperação aos alunos. Outra, similar à anterior, foi desenvolvida pela diretora da escola Alfa, orientando o trabalho de ensino das professoras. Consideramos o envolvimento dos diretores com o ensino como resistência à hierarquização e fragmentação porque as determinações institucionais de sua função nessa época, como ainda hoje, os afastavam desse tipo de questões.

Outra prática de resistência contra a fragmentação do trabalho escolar foi identificada através de decisões da diretora da escola

---

em 1982 tinha um caráter bastante diferente do das anteriores. O governo democrático eleito após vinte anos de regime militar autoritário tinha como proposta a democratização da escola pública e do saber escolar. Segundo, estudos na área da psicologia mostravam a dinamicidade e a extensão do processo de alfabetização, fornecendo sustentação "científica" aos educadores que vinham defendendo a necessidade de "tempos" mais elásticos para as crianças se alfabetizarem. Esses dois eventos possivelmente facilitaram o aproveitamento das experiências cotidianas das escolas que já adotavam regras próprias de tornar menos fragmentado o processo educativo. A propósito, um pouco antes no Ensino Municipal de São Paulo, foi instituída, com os mesmos objetivos, a proposta denominada "desdobramento do processo de alfabetização".

Delta que, independentemente das normas burocráticas sobre o número e os momentos de avaliação dos alunos, propiciava "segundas ou mais épocas".

A análise do cotidiano da escola Delta suscita considerações comparativas entre as práticas da diretora e as das professoras III que se efetivaram em bloco em determinado momento. Estas, apresentando discurso supostamente progressista ao afirmarem: "conosco chegou a lei", atuavam de forma a reforçar a fragmentação do processo escolar. Ao se negarem a apoiar a prática da diretora de oportunizar novos períodos de avaliação aos alunos, elas reforçavam as determinações de caráter burocrático sobre as avaliações. Portanto, na realidade da escola Delta, a diretora, que apresentava discurso mais conservador, mostrava uma prática mais transformadora do que a das professoras III, que possuíam discurso mais "progressista".

Além da diretora, também as professoras I da escola Delta desenvolviam práticas que representavam resistência à inadequação (especialmente fragmentação) de várias normas da instituição. Entre estas ações estava o esforço de tentar todos os meios de melhorar a aprendizagem dos alunos: aulas extras, contato com pais etc. Algumas considerações podem ser estabelecidas quanto ao fato de essas práticas terem acontecido numa escola que atendia a crianças da classe média. Em primeiro lugar, as ações desses educadores sugeriam que eles consideravam particularidades (questão individual) as diferenças de aproveitamento escolar entre crianças provindas da classe média (maioria em suas classes) e as provindas das camadas populares. Entendendo as diferenças entre crianças de diferentes classes sociais como particularidades e não como diferença socialmente construída, os educadores multiplicavam ações que pudessem melhorar o aproveitamento escolar dos alunos.

Esse ponto da análise merece destaque porque sugere uma via explicativa importante da prática dos educadores nas escolas: o de enfrentarem de modo diverso as dificuldades de aprendizagem dos alunos conforme sua interpretação da classe social dos alunos. As dificuldades de aprendizagem dos alunos percebidos como da "classe média" eram enfrentadas com modificações nas práticas escolares: usavam-se aí todas as alternativas possíveis de serem tomadas, inclusive desobediências institucionais. Parece que, quando a maioria dos alunos da escola pertence às camadas médias, o perfil de aluno que os educadores têm em mente é o de um aluno trabalhável a partir das ações da escola. Diferentemente, quando a maioria dos alunos da escola pertence à classe trabalhadora, suas dificuldades de aprendizagem não levam os educadores, com a mesma ênfase, a modificações nas práticas escolares: aqui, as alternativas de mudança das práticas se dão em menor número ou grandeza.

Na base desta diferenciação em lidar com crianças de uma ou de outra classe social parece estar o conhecimento e desconhecimento de uma ou de outra. Quanto aos alunos com perfil "classe média", as professoras pareciam conhecer as condições básicas de aprendizagem dos alunos. O universo simbólico no qual elas e esses alunos transitavam era mais ou menos o mesmo. Quanto aos alunos com perfil socialmente diferente, as professoras pareciam desconhecer suas condições básicas de aprendizagem. Neste ponto, o posicionamento de classe imbrica com o domínio técnico da metodologia e do ensino. O não conhecimento do aluno pobre, ou porque não se quer conhecê-lo, ou porque não se julga necessário conhecê-lo para ensiná-lo, remete ao que computamos ser o maior nó da questão do ensino e da aprendizagem dos alunos desfavorecidos economicamente. Ainda que não consideremos a opção ideológica dos educadores, ou seja, sua vontade de proporcionar ou não a esses alunos o domínio do saber escolar, julgamos necessário que o agente pedagógico conheça as especificidades das relações sociais (especialmente dos alunos e pais) presentes na escola pública contemporânea a fim de cumprir adequadamente sua função.

A relação social estabelecida entre pais e agentes pedagógicos dependeu do nível socioeconômico dos pais: aqueles que pertenciam à classe média frequentavam a escola e relacionavam-se com os educadores; os pertencentes à classe trabalhadora, não. A dificuldade de aproximação entre estes últimos e a escola se dava de ambas as partes. No caso da escola Gama (mais heterogênea quanto ao nível socioeconômico dos pais), observamos que o diretor não facilitava o espaço da escola para os pais da classe trabalhadora que, além de não frequentarem a escola, também não eram atraídos por ela. A escola se contentava em trabalhar com os pais que espontaneamente apareciam e estes pertenciam às camadas médias. A diretora da escola Beta, apesar de procurar considerar a questão socioeconômica das crianças, não se empenhava em atrair os pais à escola. A agravante nesta escola era que os pais socialmente "diferentes" constituíam a maioria.

Todos os eventos do cotidiano escolar aqui descritos mostram características do movimento social presente nas escolas na medida em que localizam como e em que grandeza esses eventos orientaram decisões institucionais em momentos posteriores.

A hipótese reforçada neste estudo, de que as práticas cotidianas historicamente consideradas orientam decisões institucionais, aponta para a necessidade de nos aprofundarmos no cotidiano das escolas, pois do conhecimento das práticas e processos aí desenvolvidos no presente retiramos as pistas para a escola de amanhã. Tal fato poderá, inclusive, apressar ou direcionar algumas transformações positivas.

TERCEIRA PARTE

As Representações da Obra ou "A Obra Aberta"

A atitude crítica
É para muitos não muito frutífera
Isto porque com sua crítica
Nada conseguem do Estado.
Mas o que neste caso é atitude frutífera
É apenas uma atitude fraca. Pela crítica armada
Estados podem ser esmagados.

A canalização de um rio
O enxerto de uma árvore
A educação de uma pessoa
A transformação de um estado
Estes são exemplos de crítica frutífera.
E são também
Exemplos de arte.

Bertold Brecht

O início da elaboração crítica é a consciência daquilo que somos realmente, isto é, um "conhece-te a ti mesmo" como produto do processo histórico até hoje desenvolvido, que deixou em ti uma infinidade de traços recebidos sem benefício no inventário. Deve-se fazer inicialmente este inventário.

Antonio Gramsci

Introdução

Na segunda parte deste estudo procuramos descrever a escola a partir de suas condições objetivas, ou seja, a partir do que ela tem de presença única: a "obra". Acreditamos, com Lefebvre, que as representações dos sujeitos que vivem a construção de uma obra podem esclarecê-la. A representação, tanto quanto a vivência, faz parte da obra; ambas são necessárias na sua explicação, apesar de não serem suficientes.[1] Foi com o objetivo de expandir o conhecimento do vivido na vida cotidiana que procuramos conhecer tanto as condições objetivas do vivido quanto as representações dos sujeitos que aí vivem.

As representações se alimentam tanto da vivência quanto do concebido, do ideário disponível sobre a obra e suas manifestações. As representações dos sujeitos, formadas entre o vivido e o concebido, circulam ao redor da obra, interpretam a vivência e a prática que acontecem no seu interior e podem intervir nesta vivência e nesta prática. Entretanto, a interpretação que as pessoas estabelecem sobre a obra não lhes possibilita conhecê-la e dominá-la. Algumas representações, ao invés de desaparecerem, consolidam-se, modificando ou o vivido ou o concebido.

---

1. Entendemos que o estudo da vida cotidiana, efetuado através apenas das condições objetivas, é incompleto e mais incompleto ainda é estudar essa vida cotidiana através das representações. Estas, sem a referência das condições objetivas do cotidiano no qual elas se manifestam, podem levar a conclusões enganosas. O sentido das representações é alcançado não só por seus próprios registros (pensamento, reflexão, discurso), mas também pelos fatos e práticas sociais dos sujeitos.

Conhecer as representações dos sujeitos que vivem uma determinada situação nos possibilita ainda compreender as manipulações do cotidiano programado nesta situação. É no cotidiano que as representações imperam e é através delas que identificamos o papel estipulado para cada coisa. Nossa crença básica é de que o cotidiano, apesar de programado, é também o nascedouro de mudanças sociais. Todavia, acreditamos que o poder do cotidiano na orientação de transformações sociais depende da conquista da sua situação de cotidianidade ou programação pelos sujeitos que o vivenciam e, sobretudo; da vontade desses sujeitos em transformá-lo.

Tendo como referência as condições objetivas de cada escola, nosso objetivo nesta parte é identificar as representações dos diferentes sujeitos, que permitem explorar possíveis transformações da obra no processo de sua construção e as representações que bloqueiam essa possibilidade. Apesar de cientes de que o cotidiano é vivido por sujeitos singulares, analisaremos as representações segundo a condição social dos sujeitos, ou seja, de acordo com a categoria ou subcategoria a que pertencem. Acreditamos, com Lefebvre, que as representações provêm tanto do indivíduo como da sociedade, numa interferência contínua, e que as representações divergem principalmente em função das diferenças sociais do sujeito e não de suas particularidades.[2]

Esta parte está dividida conforme as discussões a que procedemos a respeito das representações das professoras (capítulo IX), dos diretores (capítulo X) e dos pais (capítulo XI) sobre a obra e os fenômenos a ela relacionados. No capítulo XII compararemos as representações dos diversos sujeitos.

---

2. Heller também se refere a essas questões. Por um lado, denomina "cotidiano antropocêntrico" ao fato de que no centro do cotidiano há sempre um homem que vive a própria vida cotidiana. Por outro lado, afirma que o "pensamento cotidiano não é separável da forma de atividade da vida cotidiana" (Heller, 1975, p. 390 e 104). Sobre as afirmações de Lefebvre, ver 1983, p. 69.

CAPÍTULO IX

Representações da obra pelas professoras

As professoras cujas representações analisamos viviam o momento histórico brasileiro e paulistano (capítulo III) a partir de seu cotidiano objetivo (capítulo IV a VII, conforme a escola à qual estavam ligadas). Vimos que cada escola, apesar de pertencer a um mesmo sistema de ensino, constituía uma "obra", que tanto em 1980 quanto hoje ainda estava em construção.

Nosso objetivo neste capítulo foi o de analisar as representações das professoras sobre vários aspectos que interferiam na construção da obra, procurando identificar representações que exploravam determinados caminhos de transformação da obra e daquelas que os bloqueavam. As representações que nos interessava investigar eram aquelas que propunham caminhos para a escola cumprir com seu objetivo fundamental de ensinar, especialmente o ensino destinado aos filhos da grande massa trabalhadora.

Os aspectos analisados neste capítulo referem-se às representações das professoras relativas a cada fenômeno entendido como mantendo alguma articulação com a questão central: alto índice de repetência, evasão escolar dos alunos provenientes da classe trabalhadora. Os fenômenos analisados foram: fracasso escolar dos alunos, possibilidades da escola trabalhar com crianças desfavorecidas economicamente, aluno desejável/indesejável, pais de alunos e diretor.

TABELA 17

Representações das professoras sobre as causas do fracasso escolar dos alunos

		Categorias	Alfa		Beta		Gama		Delta		Total de Prof.	%
			N	%	N	%	N	%	N	%		
Causas Extraescolares	Culpa do Aluno	Desinteresse	1	10	—	—	1	25	1	14		
		Características psicológicas (imaturidade, falta de apoio afetivo)	3	30	7	43	1	25	—	—		
		Características escolares do aluno (falta de base, excesso de falta)	7	70	4	25	—	—	—	—		
		Total de professoras	6	—	9	—	2	—	—	—	17	45,9
	Responsabilidade da pobreza e desinteresse da família	Condições materiais de vida (carência material, subnutrição)	6	60	10	62	1	25	—	—		
		Características culturais da família (famílias desorganizadas, pais que não incentivam para o estudo)	5	50	16	100	3	75	2	28		
		Total de professoras	8	—	12	—	2	—	3	—	25	67,5
		Total de professoras — causas extraescolares	8	80	15	93	3	75	3	42,8	29	78,3
Causas Intraescolares		Características da escola (Excesso de alunos por classe, mudança excessiva de professora)	—	—	2	12,5	—	—	1	14		
		Característica da professora (não capacitação)	1	10	2	18	—	—	—	—		
		Total de professoras	1	10	4	25	—	—	1	10	6	16,2
		Total de professoras que responderam às questões apresentadas	9	—	15	—	3	—	3	—	30	
		Total de professoras entrevistadas	10	—	16	—	4	—	7	—	37	

Obs.: O total de professores não corresponde ao total de respostas pelo fato de algumas delas terem apresentado mais de uma afirmação.

1. Representações das professoras sobre o fracasso escolar dos alunos

O estudo das representações das professoras sobre o fracasso escolar dos seus alunos é orientado pela análise das causas apontadas por elas para este fracasso, categorizadas e quantificadas conforme a Tabela 17. Os dados revelam a tendência das professoras apontarem fatores extraescolares como principais causas do fracasso dos alunos. Neste aspecto, os resultados desta investigação, realizada com pequeno número de sujeitos e a partir de entrevistas semiestruturadas, repetiram os encontrados em investigação semelhante feita com grande número de sujeitos, com questionários fechados.[1]

Dos fatores extraescolares apontados pelas professoras como causa do fracasso escolar o elemento mais atingido foi a família dos alunos. A explicação para tal fato era a de que as famílias eram desorganizadas, não davam atenção, amor ou assessoramento aos filhos, mencionando causas objetivas como: falta de tempo dos pais (devido à carga excessiva de trabalho) e falta de condições culturais ou educativas (alguns eram analfabetos). Mesmo assim, não relacionaram esta "culpa" à sociedade; os pais, apesar de terem seu comportamento "explicado", continuaram sendo os "culpados".

Quando se pediu às professoras para considerarem a parte de "culpa" da escola sobre o fracasso escolar dos alunos (espontaneamente foram muito poucas as professoras que indicaram causas intraescolares para este fracasso), a maior parte das respostas indicou a figura individual das professoras. Da mesma forma, como

---

1. Conforme afirmamos na introdução desse estudo, este foi o caso da pesquisa a partir da qual esta foi projetada. Comparando ambas as pesquisas, computamos algumas vantagens no uso de entrevistas semiestruturadas sobre questionários. Em primeiro lugar, naquelas, o pesquisador pode reconsiderar as perguntas seguintes, conforme o teor das respostas que vão sendo obtidas. As perguntas diretas sobre aparte de "culpa" da escola com o fracasso escolar dos alunos e as possibilidades de a escola enfrentar este problema foram fruto desta possibilidade. Em segundo lugar, e a nosso ver o motivo mais importante na utilização de entrevistas, é a possibilidade de obter do entrevistado as atribuições de causalidade sobre os fenômenos que aponta, fornecendo elementos que melhor explicitam seu mundo interior, sua postura e, afinal, seu ser ontológico.

veremos no item seguinte, ao se pedir a elas para relacionarem as formas de como a escola poderia interceder para melhorar o rendimento dos alunos, suas respostas sugeriram a figura individual das professoras. Os depoimentos que seguem ilustram as afirmações até aqui registradas.

> "Os alunos mais fáceis são aqueles a quem os pais dão atenção em casa. No dia seguinte eles sabem direitinho a lição."
> "Você olha a criança, percebe que ela não vai. Chama os pais... não ligam; então a criança não vai. Mas se o pai e a professora se preocupam, a criança vai pra frente."
> "A gente tem que ter apoio dos pais para ter um bom trabalho. Porque criança que dá trabalho e o pai não se interessa, vai indo, o professor deixa de lado."

Duas considerações devem ser feitas sobre as afirmações das professoras. Primeiro, os depoimentos que recaíram sobre o próprio professor como causa do fracasso escolar dos alunos sempre se referiram a "outra" professora e não a si próprias. Falavam sobre si mesmas apenas quando queriam exemplificar uma estratégia usada que tinha dado resultados bons com as crianças. Segundo, os depoimentos das professoras sobre aquelas que "são relapsas" ou "más professoras" não relacionavam as condições precárias do trabalho escolar ou a situação funcional (institucional) como fatores explicativos.

Vemos assim que, num caso ou noutro, seja nas atribuições de fatores externos à causa do fracasso escolar dos alunos (estes, apontados de forma espontânea), seja nas atribuições de fatores internos (estes, solicitados pelo entrevistador), as condições de trabalho na escola e as institucionais não foram prioritariamente consideradas pelas professoras. Entre as duas instâncias (escola e instituição), o número de afirmações das professoras entrevistadas foi maior para a instituição do que para a escola.

Resumindo, nas representações das professoras, o fracasso escolar dos alunos pode ser melhor enfrentado através de mudança nas ações, primeiro da professora, depois, da instituição e, por último, da organização escolar.

Tal resultado indica a tendência das professoras considerarem, em suas representações, mais os elementos do cotidiano do que os não cotidianos. Poucas foram as menções a dificuldades no âmbito institucional ou sistema social mais amplo e menores ainda no âmbito escolar. Neste, a tendência das professoras foi considerar apenas aqueles contextos "mais cotidianos", mais íntima e temporalmente vividos, como as questões de sala de aula. O cotidiano escolar, apesar de também compreender o cotidiano, não envolve a professora com a mesma força de presença como o cotidiano das aulas.

2. Representações das professoras sobre a possibilidade de a escola melhorar o rendimento escolar dos alunos desfavorecidos economicamente

Como as relações entre mau aproveitamento escolar e condições de funcionamento da escola não foram facilmente identificadas pelas professoras, algumas questões da entrevista foram direcionadas a este problema. Suas respostas possibilitaram que nos informássemos melhor sobre seu mundo subjetivo. A seguir, analisaremos seus depoimentos tendo a Tabela 18 como referência.

A Tabela 18 possibilita algumas considerações quantitativas. Numa consideração mais geral ela mostra que as representações das professoras sobre o que a escola pode fazer para melhorar o rendimento dos seus alunos incidem, tanto quanto na questão do fracasso escolar dos alunos, mais em ações em nível das professoras do que da instituição ou da unidade escolar. Apenas se considerarmos conjuntamente os níveis instituição e unidade escolar eles superam os relativos às professoras. Uma segunda consideração quantitativa é que, excetuando-se a segunda coluna das escolas Gama e Delta, a instituição era o nível menos apontado pelas professoras como necessitando de mudança para melhorar o atendimento aos alunos.

TABELA 18

Representação das professoras sobre o que a escola pode fazer para melhorar o rendimento escolar dos alunos

	Escolas						Total
	Alfa	Beta	Gama		Delta		
			Nesta escola	Em escola carente*	Nesta escola	Em escola carente*	
Instituição							
Remunerar melhor a professora	1	1					
Promover a professora segundo o rendimento dos alunos		1					
Fornecer período integral ou atendimento extra ao aluno						2	
Assistência médica e odontológica ao aluno						1	
Aumento do número de técnicos (OE, psicólogo, As. social)	2	1				2	
Fornecer pré-escola						2	
Diminuir número de alunos/classe	1				1		
Nº de respostas (Nº de professoras)	4 (4)	3 (3)			1	7 (4)	
Unidade escolar							
Cumprir o horário		1					
Fazer bazar, dar merenda	1						
Facilitar o uniforme		1					
Homogeneizar classes			1				
Orientar a professora para confeccionar materiais diferentes			1				
Atividades extrac asse	1		1				

	Escolas							
	Alfa	Beta	Gama		Delta		Total
			Nesta escola	Em escola carente*	Nesta escola	Em escola carente*	
Nº de respostas (Nº de professoras)	2 (2)	2 (2)	3 (2)				
Professoras							
Trabalhar com material concreto	1						
Fazer aprender		1					
Dar carinho	2	2					
Dar estímulo ao aluno	1			1	1		
Dinamizar a aula	1	2	1		1		
Conhecer o aluno							
Ter mais contato com pais		2		1	1		
Dar mais atenção ao aluno					1		
Dar atividades graduadas						1	
Gostar do que faz							
Nº de respostas (Nº de professoras)	5 (4)	7 (5)	1	2 (1)	4 (2)	1	
Nº total de respostas (Nº de professoras que se manifestaram sobre as questões)	11 (4)	12 (7)	6 (3)		13 (6)		42 (20)
Nº de professoras entrevistadas	10	16	4		7		37

Obs.: 1. As respostas foram categorizadas em três itens: instituição escolar; escola na qual trabalham; e as professoras, por corresponderem a níveis específicos de decisão.

2. As escolas Gama e Delta, por contarem com alunos originários de extratos sociais preponderantemente não carentes a nível econômico, a questão foi dividida em duas para a professora.

* "Carente" aqui relaciona-se a nível socioeconômico dos alunos.

Tanto a primeira consideração (ênfase na professora) quanto a segunda (menor referência à instituição na solução de problemas da sua escola) reforçam a análise realizada na seção anterior, de que as professoras, ao proferirem atribuições de causalidade aos fenômenos da prática pedagógica, consideravam prioritariamente os elementos mais próximos das suas relações cotidianos. Tal peso dos eventos cotidianos mais próximos, ou seja, do vivido, fortalece a hipótese de que são as experiências neste nível e não o concebido (ideário teórico) a fonte mais determinante nas representações das professoras sobre sua prática pedagógica (Lefebvre, 1981, III: 99 ss.). Os eventos gerais possuem importância crucial mas não são percebidos no cotidiano, a não ser que possuam relação direta com a ação cotidiana.

A hipótese sobre a força da experiência cotidiana é realçada quando se observam depoimentos de professoras da escola Delta propondo ações da instituição nas escolas que atendiam a alunos economicamente carentes quando o tipo de ação indicado já fazia parte de seu cotidiano. Foi o caso de sugestões quanto à pré-escola e à assistência médica e odontológica. Nestes casos, tais professoras vivenciavam em seu cotidiano a vantagem de tal infraestrutura.

Considerando-se a singularidade de cada escola, a ênfase das indicações das professoras num ou noutro nível variou conforme a organização, a história da escola e as características das professoras e dos alunos.

Examinando o contexto específico das escolas, a primeira observação diz respeito à diferenciação manifestada pela professora, conforme o tipo de aluno considerado. Sobre o ponto comum encontrado no depoimento da maioria das docentes das quatro escolas — de que o que a escola pode fazer pelo aluno com baixo rendimento escolar se refere ao comportamento da professora —, houve diferenças na indicação do que e como ela deveria agir. Nas duas escolas, cuja maioria dos alunos tinha melhores condições financeiras, as professoras apontavam medidas de cunho técnico-instrucional. Nas duas escolas que abrigavam majoritariamente alunos pobres, as professoras apontavam para intervenções junto aos alunos de cunho afetivo ou moral, em especial fornecimento de carinho e aulas de moral.

Estes resultados sugerem existir entre as professoras estereótipos quanto ao aluno pobre. Estes estereótipos se referiam principalmente à relação que as professoras estabeleciam entre pobreza e falta de carinho das famílias e entre pobreza e marginalidade potencial, conforme mostram os depoimentos abaixo:

> "Acho que o mínimo que você pode oferecer às crianças já é o bastante. Se ela está levando alguma coisa das horas que está na escola, está excelente. Se ela conseguir os dois (aprender e ter carinho), é ótimo; se ela não consegue aprender, só o carinho, o amor que você dá para ela eu acho que já é uma grande coisa".
>
> "Eu acho que deveria ter uma assistente social, assim, pra conversar com os alunos, pra ver se humaniza mais eles... Acho que a escola deveria dar mais lição de moral, conversar com eles sobre moral, higiene, essas coisas... Tenho medo que eles, ao crescer, se corrompam, virem marginal".

Duas professoras da escola Beta apontaram a necessidade de que elas estabelecessem maior contato com os pais, como forma de ajudar aos alunos. Elas queriam que os pais colaborassem na assiduidade dos alunos ou nas tarefas de casa, como mostra o depoimento a seguir:

> "Para diminuir a repetência, eu acho que se deve ter mais contato com os pais das crianças. Porque aí eles assimilariam o problema da frequência, a gente explicaria o tipo de coisas pros pais. Porque aí a gente envolve tudo, até maior empenho do professor. Apertando um pouco, o aluno que é normal vai".

Um depoimento como esse revela que um dos "sonhos" das professoras era que os pais dos alunos da periferia reagissem como os pais dos alunos da classe média no tocante à vida escolar dos filhos. Ansiavam por este comportamento, mesmo quando as evidências apontavam para sua impossibilidade. O depoimento seguinte mostra que a professora "sabia" por que os pais não ajudavam, mas talvez não quisesse aceitar o fato:

> "Você manda bilhete pra mãe vir conversar com a gente e ela não vem. É raro vir. Para começar, na casa, às vezes ninguém sabe ler. Eu mando bilhete pra pai de aluno que não faz lição, ninguém aparece".

A professora fez a afirmação acima desanimada, pois era dado da realidade que "não aceitava". Aceitá-lo seria tomar consciência da contradição do processo educativo na forma como ele vinha sendo realizado; por outro lado, não aceitá-lo dificultava o processo de sua discussão no âmbito da escola. Apenas o pensamento e a reflexão poderiam estar redimensionando o problema, ajudando a professora a rever as bases de sua representação de forma a superá-la.

3. Representações das professoras sobre o aluno desejável e indesejável

Algumas professoras asseguraram que o bom relacionamento com os alunos ajudava a melhorar o rendimento escolar. Supomos que a semelhança dos alunos reais com aqueles que as professoras julgavam "desejáveis" facilitasse o desenvolvimento de um bom relacionamento entre eles, da mesma forma que a semelhança dos alunos reais com aqueles que elas julgavam "indesejáveis" dificultasse tal relacionamento.

Nesta seção procuramos identificar o que significava para as professoras "aluno desejável e indesejável" para podermos relacionar esses dados aos alunos encontrados nas escolas pesquisadas e, finalmente, chegar a pontos de partida possíveis nas relações interpessoais dessas professoras com seus alunos.

A Tabela 19 especifica e quantifica as afirmações das professoras, facilitando a análise qualitativa.

Na seção anterior vimos a existência de estereótipos negativos com relação aos alunos pobres. Analisando a Tabela 19 entendemos

TABELA 19
Representações das professoras quanto ao aluno desejável e indesejável, em ordem decrescente de número de indicações

	Escolas				
	Alfa	Beta	Gama	Delta	Total
Aluno desejável					
1. Obediente (disciplinado)	3	3	1	—	7
2. Que entende a comunicação do professor	1	3	—	—	4
3. Interessado	2	1	—	1	4
4. Assíduo	2	2	—	—	4
5. Que tem ambiente sadio em casa	—	—	—	2	2
6. Sem problema econômico sério	1	—	—	—	1
7. Fluente verbalmente	—	1	—	—	1
8. Boa memória	—	1	—	—	1
9. Amoroso (atencioso)	1	1	—	—	2
10. Sociável	—	1	—	—	1
Aluno indesejável					
1. Indisciplinado (desobediente)	1	2	1	2	6
2. Desinteressado	1	2	—	—	3
3. Sujo	1	1	—	—	2
4. Obtuso (pouco inteligente)	1	—	—	—	1
5. Calado	1	—	—	—	1

que parecia haver, entre as docentes, desagrado sobre a maior parte das características encontradas neles. Na relação das características ou comportamentos mais desejáveis de serem encontrados nos alunos pelas professoras, o aluno pobre era praticamente descartado: "ser fluente verbalmente", "ter higiene", "ser assíduo", ser sociável", e, sobretudo, "não ter problema econômico sério". A única característica do aluno pobre desejada pelas professoras era a "obediência".

Era pela "obediência" — possivelmente a manifestação mais concreta da situação de submissão de uma classe social — que restava ao aluno pobre cativar a professora. Entre as características do aluno indesejável, algumas professoras indicaram a aparência. Uma professora afirmou:

> "Vêm sujos, mal-vestidos, roupa rasgada, suja. Pés sujos, sempre aquela sandália havaiana... Difícil você ver menino de sapato aqui. Não dá nem para chegar perto dos alunos. Eles dormem com a roupa: confundem pobreza com sujeira".

A última afirmação desta professora revela claramente sua não aceitação ("não dá para chegar perto do aluno") e preconceito ("confundem pobreza com sujeira") em relação ao comportamento de entrada dos alunos. O conflito entre desejo e preconceito era tão grande entre algumas professoras que mesmo aquelas que permaneciam por vários anos na escola e reconheciam a diferença do comportamento dos alunos no momento de chegada à escola e em momentos posteriores de sua trajetória escolar ainda "duvidavam" da ação educativa da escola. É o que indica o depoimento:

> "É um milagre o que estas crianças conseguem. Você olha para elas: roupas, não têm nada; higiene, é um cheiro que você não aguenta; não têm noções de educação mínima, jogam papel no chão, não cumprimentam ninguém. Até a 4ª série é assim".

O depoimento dessa professora sugere que ela considerava a mudança de comportamento dos alunos mais como um "milagre" do que "aprendizagem" a partir das referências e da ação educativa da escola. A hipótese que formulamos é que o preconceito (fruto especialmente do que é *concebido*) da professora era tão forte que resultava em duas dificuldades. Primeiro, dificultava relacionar adequadamente "sujeira" e classe social, não percebendo que era justamente a condição social de classe pobre que levava a tais resultados de trato higiênico (e não o contrário) e que era papel da escola inverter tais resultados. Nesse caso, faltava à professora discutir as questões conceituais que possuía, enriquecer-se com novas proposições que pudessem reorganizar o que era *concebido* por ela. A segunda dificuldade da professora, que supomos fruto de seu arraigado preconceito, era que os dados oferecidos pela vivência concreta (alunos que ela enxergava chegando sujos e mudando a aparência até a 4ª série) não eram suficientes para mudar sua representação, isto é, o concebido, arraigado, resistia aos dados fornecidos pela vivência, impedindo mudanças na representação. Estas, então, acabavam por dissimular os dados concretos da vivência, ou seja, a *presença*. Nesse jogo de dissimulação da presença e da pouca reflexão sobre o concebido (no sentido de não ir até o fim da questão, no caso: até as raízes de classe social da sujeira do aluno), a contradição se instalava na representação das professoras. Depoimento de outra professora também mostra esta contradição:

"Não se pode pedir para o aluno vir limpo, porque ele diz que nós o chamamos de sujo".

Tal depoimento é uma clara mostra do conflito de classe instalado no contexto escolar e que, por não ser explicitado, possibilita o desenvolvimento de representações dissimuladoras. Como afirma Lefebvre (1981, III, p. 63-74): "O cotidiano e seu discurso se constroem sobre a ambiguidade, sobre os compromissos cuidadosamente organizados (...). O cotidiano e sua ambiguidade mascara a relação entre pais e filhos, homem e mulher, patrão e empregado (...). Assim é que o cotidiano é reino do presente e não da presença".

Estas considerações apontam para a necessidade de trazer para o interior da escola o debate político, colocar a nu a luta de classes aí existente. Lembramos, com Lefebvre, que só o conhecimento crítico dissipa as ocultações, devolve o sentido das metáforas.

Essas considerações revelam o que talvez tenha sido e ainda seja o maior problema na escolarização do aluno pobre: a não aceitação do seu ser social. Tal negação impede a consecução da tarefa fundamental de construção do processo educativo a partir dos dois alicerces: na relação com o conhecimento e nas relações sociais. Se a classe social da qual o aluno pobre se origina não é aceita na sua manifestação concreta — através dos comportamentos dos alunos —, as relações sociais possíveis de serem estruturadas entre professoras e alunos estarão de início prejudicadas. E, o que é pior, poderão ser construídas através daquele comportamento provavelmente mais reforçado na relação professor-alunos, pois é desejável: o comportamento de obediência. Tal reforço neste tipo de inter-relação poderá transformar o processo educativo em opressão pedagógica de classe e, do lado da instituição escolar, impedir a consecução do seu objetivo principal: possibilitar que o aluno aprenda. Isto porque se, como acreditamos, o processo educativo é realizado pelos dois esteios citados (na relação com o conhecimento e nas relações sociais) e um deles não se realiza (o das relações sociais), ele não tem condições de ser construído equilibradamente e, em consequência, o fracasso escolar desses alunos tenderá a perdurar.

4. Representações das professoras sobre os pais dos alunos

Na seção que tratou das representações das professoras a respeito do fracasso de seus alunos, verificamos que elas desejavam e necessitavam da assessoria pedagógica dos pais junto às crianças para complementar seu trabalho. As professoras das escolas com alunos menos carentes em termos econômicos contavam com a assessoria dos pais e as docentes das escolas com alunos mais carentes não. Algumas representações delas sobre os pais e a família dos alunos foram ali consideradas. Retomando a questão de forma específica, analisaremos, nesta seção, as representações das professoras referentes a diversos aspectos da vida dos pais dos alunos.

A Tabela 20 mostra, em nível quantitativo, os tipos de representações encontradas nas professoras a respeito dos pais de seus alunos.

TABELA 20
Representações das professoras sobre os pais de seus alunos

Categorias	Escolas				
	Alfa	Beta	Gama	Delta	Total
A. Relativas à família					
1. Desorganizada	2	1	2	—	5
2. Irresponsável frente ao casamento	1	—	—	—	1
B. Relação pais/filhos					
1. Desinteressados do rendimento escolar dos filhos	3	—	—	—	3
2. Sem tempo para os filhos	1	—	2	—	3
3. Interessados no rendimento escolar dos filhos	—	—	1	2	5
C. Relação professor/pais					
1. Envergonhados, calados	1	1	—	—	2
2. Agressivos	1	—	—	—	1
D. Enquanto pessoas					
1. Recalcados, desajustados	—	1	—	—	1
2. Pobres de espírito	—	1	—	—	1

Analisando as representações das professoras sobre os pais de alunos constatou-se que, nas escolas que atendiam a alunos das camadas médias, eles apareciam como interessados no rendimento escolar dos seus filhos, ao contrário dos pais de alunos das escolas que atendiam a alunos das classes trabalhadoras. Causas para o desinteresse (ou não assistência) dos pais foram apontadas pelas professoras desde as mais objetivas (falta de tempo dos pais devido à carga excessiva de trabalho, situação de analfabetismo de alguns pais) até suposições quanto à constituição da família (desorganizada) ou ao caráter dos pais (irresponsáveis frente ao casamento, preguiçosos, desleixados). Essas afirmações foram sugeridas por depoimento do tipo:

"Acho as famílias dos alunos geralmente desorganizadas. Eu estive observando e parece que são tipos de pais e mães que trocam de marido como se troca de camisa... Então, pelo que pude observar em sala de aula, cada pai que chega não está a fim de educar e sim deixar mais um filho e ir embora".

"A maioria dos pais acho que são assim: analfabetos e pessoas recalcadas, cheios de... desajustados. Então, eles passam o desajuste deles para os filhos e vai indo".

Causas relacionadas ao caráter dos pais ou moral das famílias foram mais indicadas pelas professoras quando se referiam às famílias mais pobres (seja nas escolas de periferia ou não). De modo contrário, as professoras de escolas mais centrais, mesmo afirmando haver famílias desorganizadas entre aquelas que possuíam boa situação econômica, atribuíam tal desorganização apenas à incompatibilidade entre os pais e não ao caráter ou moral dos mesmos. Constatou-se também que a generalização da existência de alunos com famílias desorganizadas, a partir do conhecimento de alguns casos, foi mais encontrada nos depoimentos das professoras que trabalhavam nas escolas de periferia, como foi o caso abaixo:

"Na minha classe que tenho contato, conheço umas quinze famílias. Destas, todas são organizadas, mas o resto... Tinha uns cinco filhos de mãe solteira, três casos que o pai abandonou a mãe e um caso que a mãe abandonou o pai. O resto, não sei, mas deve ser assim: um dia um, amanhã, outro".

Essa análise sugere a existência de representações baseadas em pressuposições e generalizações superficiais das professoras sobre os pais dos alunos pobres. Este dado, confrontado com o escasso conhecimento das professoras sobre esses pais, sugeria a existência de referências falsas ou insuficientes e mesmo incoerentes nas formações do seu "concebido".

Incoerências nas representações das professoras sobre os pais de alunos pobres foram mencionadas em depoimentos que, mesmo considerando a existência de pais analfabetos, não aceitavam tal fato como justificativa da não ajuda destes aos deveres dos filhos. Através da coerência formal do discurso, as professoras dissimulavam a incoerência de pensamento.

Da mesma forma, a vinda de alguns pais às reuniões de pais e mestres — uma das evidências teóricas colocadas pelas professoras como demonstração de interesse dos pais à vida escolar dos filhos — era explicada pelas professoras quando se referiam a casos concretos como "aparente" interesse dos pais, pois entendiam que eles "vinham, eram comunicados da necessidade de ajudar os filhos e não os ajudavam". Uma professora da escola Alfa assim se manifestou:

> "Aparentemente não há desinteresse porque comparecem à reunião. Uns 75% dos pais comparecem à reunião... Talvez nem deem uma palavra de estímulo com os filhos, mas vão à reunião. Em casa, acho que a grande maioria não participa, assim, de uma lição de casa. Uns 30% olham cadernos dos filhos".

Tais incoerências nas atribuições das professoras sugeriam a existência de tamanha necessidade da professora de que seus alunos fossem assessorados nos deveres escolares, que lhes dificultava perceber as contradições entre o possível e o desejável.

Essa análise sugere ainda que as professoras não dimensionavam corretamente a variável "pai" (o pai concreto, das classes subalternas) na equação do processo educativo das crianças oriundas da classe trabalhadora. Se o valor dos pais dos alunos das camadas médias tinha lugar já determinado nesta equação, o valor dos pais de alunos das classes trabalhadoras não havia sido devidamente dimensionado. Para isto se dar, urgia que as reais possibilidades destes pais fossem conhecidas. O primeiro passo seria trazer os pais à escola, o que já vinha sendo conseguido em alguma proporção, apesar da existência de práticas improdutivas, como lista de presença para assinatura de pais analfabetos e teste de conhecimentos para pais. Restava ainda conhecer os pais concretos de cada escola, sua história, seu cotidiano, para que se pudesse, a partir deste conhecimento, construir o processo educativo equilibradamente: na perspectiva do saber e na perspectiva do homem.

5. Representações das professoras sobre o diretor

Na descrição do cotidiano escolar levada a efeito na segunda parte ficou evidenciada a importância do elemento diretor na organização atual e histórica de cada escola. Por isso, incluímos neste capítulo as representações das professoras sobre o diretor. É necessário lembrar, entretanto, que a questão do diretor não foi espontaneamente colocada pelas professoras como fator significativo nas possibilidades de a escola enfrentar o problema do fracasso dos alunos oriundos da classe trabalhadora. Apenas quando formulada diretamente a questão do papel da direção em lidar com o fracasso dos alunos e com a construção de uma boa escola, as professoras se manifestaram sobre a mesma. O interessante é que, tendo sido levantado o papel da direção, a maior parte das professoras se referiu à sua grande importância na definição do trabalho na escola. A Tabela 21 registra os tipos de afirmações das professoras.

As professoras definiram o "bom diretor" segundo vários critérios: funções que ele deveria desempenhar na escola, princípios que deveriam nortear suas ações e qualidades pessoais que ele deveria possuir. Acima de tudo isso, as professoras desejavam a presença do diretor na escola em todos os acontecimentos, desde resolver os problemas imprevisíveis que apareciam, passando pelo conhecimento do seu trabalho docente, até dar conta e orientação de sua vida funcional.

A análise dos depoimentos das professoras que se manifestaram sobre o diretor revelou dois desejos fundamentais: recebimento de apoio do diretor e orientação para sua ações. Tal apoio e orientação se referiam a dois âmbitos: o das questões pedagógicas e o das questões trabalhistas ligadas à sua situação funcional. Elas desejavam que o diretor lhes fornecesse sugestões sobre problemas pedagógicos de sala

TABELA 21
Representações das professoras sobre o "bom" diretor

Categorias	Escolas				
	Alfa	Beta	Gama	Delta	Total
Estar sempre na escola	—	3	1	—	4
Aspectos funcionais					
1. Colocar ordem na escola	—	2	—	—	2
2. Ir às classes	1	—	1	—	2
3. Orientar o professor:					
a. Pedagogicamente	1	—	—	—	1
b. Em termos legais	—	—	2	—	2
Aspectos pessoais					
1. Enérgico	2	1	2	—	5
2. Amigo	—	—	2	—	2
3. Que dialoga	—	1	—	1	2
4. Tranquilo	1	—	—	—	1
Aspectos atitudinal-ideológicos					
1. Que apoia o professor	2	2	2	1	7
2. Que apoia o aluno	—	1	—	—	1
Nº de respostas	7	10	10	2	29
Nº de professores	10	15	4	7	36

de aula e que as orientasse sobre como deviam proceder no encaminhamento de seus interesses profissionais na carreira. As professoras queriam também que o diretor as apoiasse em situações de desacordos com terceiros, especialmente pais e alunos, situações estas mais afirmadas por professoras que trabalhavam nas escolas das camadas médias. É provável que a pouca relação dos pais de alunos das escolas de periferia com a escola e a forma como a relação existente se dava (superficialmente, sem uma real interação) ainda não houvesse apresentado problemas de confronto maior ou que os acontecimentos ocorridos não tivessem necessitado de discussões mais amplas.

O desejo das professoras de receber apoio e direcionamento do diretor sugeria duas características básicas nas representações delas com a profissão e com o ensino. A primeira, mais ligada ao desejo de receber apoio pedagógico, referia-se à ausência de envolvimento autônomo em questões técnicas. As soluções para os problemas pedagógicos enfrentados pelas professoras não eram buscadas de forma ativa, mas desejadas de forma receptiva. A segunda, mais ligada ao desejo de receber direcionamento sobre sua situação funcional, referia-se à ausência de envolvimento autônomo em questões relativas à própria profissão. Tanto numa situação como na outra, o teor dos depoimentos sugeriu forte tendência entre as professoras a uma atitude de acomodação e desejo de paternalismo institucional — no caso, a partir do diretor.

As professoras se manifestaram também quanto às características pessoais que o diretor deveria ter: energia e decisão, autoridade (e autoritarismo), abertura para o diálogo e amizade, tranquilidade e justiça. Dessas, a mais enfatizada (professoras de três escolas) foi a energia no desempenho da autoridade. Na única escola (Delta) onde as professoras assim não se manifestaram, a diretora já possuía essa característica e elas não reclamaram disso.

A respeito da ênfase das professoras em desejar um diretor com autoridade e autoritário e a forma como se manifestaram sobre a questão sugere duas conclusões. A primeira, é que a representação delas sobre o diretor ideal apresentava semelhanças com a representação que a maioria das pessoas mantém com o "poder" e seus representantes. O ser ontológico das professoras se revelava mostrando sua quase reverência para aquele que representava o poder e, por causa deste, também o saber. A aura mágica do poder (e saber) do diretor sobre as docentes parece que as fazia "desejar" um diretor enérgico, com autoridade e autoritário, que orientasse suas ações e as de suas colegas. Como consequência dessa reverência, elas desejavam ainda que tal representante do poder e do saber se chegasse a elas e conhecesse seu trabalho. Tal fato era capaz até de despertar-lhes a "vontade de dar aula". Em resumo, as representações das professoras para com o diretor sugeriram anseio por paternalismo.

A segunda conclusão sobre as representações das professoras sobre o diretor é que o desejo delas por um diretor enérgico, autoritário e amigo (pelo "pai") parecia ser mais intenso conforme as características das condições de trabalho e da qualidade das relações sociais existentes na escola. Parece que o "mito do poder" é mais vivamente ressuscitado quando as condições de trabalho e as relações sociais aí desenvolvidas são superficiais e frágeis.[2] Tal fato sugere que o caminho de superação do "mito do poder" ou do anseio por paternalismo seja a melhoria das condições de trabalho na escola e o estabelecimento de relações sociais mais duradouras e sólidas. Medidas práticas neste sentido poderão advir da luta e das decisões concretas na escola e na instituição para impedir alta rotatividade das professoras e da direção, garantindo a possibilidade de se estabelecer uma história em comum mais firme.

Terminando esta seção, podemos afirmar que, no conjunto das representações das professoras sobre diferentes aspectos da escola, coexistem representações facilitadoras e obstaculizadoras de caminhos que permitem à escola cumprir seu objetivo de ensinar os alunos que a ela têm acesso.

Acreditamos que as representações não são manifestações cristalizadas. Ao contrário, elas se constroem a partir do concebido, ou seja, do ideário disponível sobre a obra num determinado momento histórico e de acordo com a vivência pessoal junto à obra.

Mesmo sabendo que as representações dos sujeitos sobre a obra num determinado momento histórico não são suficientes para

---

2. Estabelecendo um paralelo com a história política brasileira estendemos nossa hipótese no sentido de que tem sido nos momentos em que o equilíbrio econômico e político é mais frágil que propostas e mesmo ações de endurecimento e autoritarismo recebem apoio de muitos setores da população.

dominá-la e ao seu processo de construção, sabemos, por outro lado, que algumas das representações podem se consolidar, modificando ou o concebido ou o vivido. É devido a esta crença que achamos necessário conhecer as representações das professoras em determinado momento, pois a partir de seu conhecimento podemos, primeiro, desvelá-las aos próprios sujeitos que as mantêm e, segundo, trabalhar a partir delas, reforçando as que indicam caminhos de superação de problemas educacionais atuais e reorientando, por análises e debates abertos, as que indicam dificuldades para tal superação. Acreditamos que, "abrindo" as representações ao pensamento, possibilitaremos que elas sejam atravessadas por ações transformadoras que orientem cada obra a atingir os objetivos a que se propõe.

CAPÍTULO X

Representações da obra pelo diretor

Representações do diretor sobre o aluno, a escola, os professores e sua prática pedagógica

O diretor, seu modo de atuação na escola e sua maior ou menor presença nos acontecimentos cotidianos podem orientar em proporção considerável o movimento do processo educativo. Esta afirmação foi reforçada pela descrição da prática pedagógica realizada na segunda parte deste estudo e pelos depoimentos das professoras no capítulo anterior.

Neste capítulo procuramos analisar as representações dos diretores sobre fenômenos ou pessoas que mantêm articulações essenciais com o processo educativo, especialmente os alunos (e suas famílias), a escola enquanto instituição e no cotidiano, as professoras e sua própria prática pedagógica.

Em relação ao fracasso escolar dos alunos, os diretores, ao contrário das professoras, indicaram mais causas intraescolares. Tal fato sugere que as representações dos diretores sobre o fenômeno escolar eram formadas em bases mais abrangentes do que as das professoras. A causa intraescolar mais citada pelos diretores pelo fracasso escolar também foi a "professora". Entretanto, existia diferença fundamental na atribuição da "professora" proferida por parte dos diretores e das professoras. Enquanto estas apontavam o comodismo ou descompromisso das colegas como causa do fracasso dos alunos — ou seja, questões ligadas mais a particularidades individuais ou idiossincrasias —, os diretores se referiam a questões institucionais e sociais mais amplas, como política educacional, situação funcional, salarial e condições de trabalho.

Se os diretores observaram relação entre fracasso dos alunos e causa escolar ligada à pessoa da professora, não relacionaram este fracasso à sua prática. Críticas direcionadas à prática da direção foram, contudo, por eles formuladas de forma indireta. Isto é, criticando as funções que eram obrigados a desempenhar por determinação do sistema e não por determinação própria. As críticas mais apresentadas pelos diretores contra a instituição, no tocante à mudança de tônica da função do diretor, foram: diminuição da autoridade e independência do diretor da escola, desvio da ênfase pedagógica do ensino para seu controle burocrático e sobrecarga de trabalho, forçando-o a estar muito tempo fora da escola.

O início dessas dificuldades foi datado por um diretor: o momento da redistribuição da rede física (1975) para a implantação da escola de oito anos. De fato, foi a partir daí que os fatores de insatisfação do diretor se tornaram mais nítidos. Parecem ter sido causados principalmente pelo motivo de que os diretores, até então divididos entre os da escola primária e os do ginásio, tiveram que assumir os dois segmentos de escolarização. A insatisfação manifestada pelos diretores baseou-se sobretudo na dificuldade de trabalharem com alunos de faixa etária diferente e outro tipo de professores. Os problemas com essa mudança foram maiores nas escolas mais antigas (Gama e Delta), onde os diretores distinguiram o despreparo das professoras por nível de ensino, considerando as professoras de 1ª a 4ª série mais competentes e compromissadas com o trabalho do que as de 5ª a 8ª. Atribuíram a competência das professoras à época de sua formação, quando os cursos para o magistério eram melhores, segundo eles: Uma das diretoras atribuiu também maior competência e compromisso das professoras das primeiras séries a seu envolvimento com o aluno e suas famílias.

Nas duas escolas mais recentes (Alfa e Beta), fundadas dentro do regime de oito anos, os diretores não vivenciaram o momento de reestruturação intraescolar, assumindo a escola de oito anos de forma natural. Entretanto, a ênfase da burocratização da função e a requisição institucional constante de sua presença fora da escola foram apontadas, da mesma forma que os diretores das escolas Gama e Delta, como motivos de insatisfação.

Quanto à clientela, o movimento de mudança em suas características nas escolas públicas nos últimos anos foi percebido pelos quatro diretores. Para os diretores das escolas mais antigas (Gama, em especial), a mudança lhes pareceu mais evidente, pois aconteceu no mesmo estabelecimento em que atuavam. Uma dessas evidências foi a distância dos pais novos (pobres) da vida escolar dos filhos. A diretora da escola Delta foi a que melhor relacionou a necessidade de a escola, principalmente a professora, conhecer o aluno e sua família para manter um bom relacionamento, facilitando-lhe a aprendizagem. A importância de seu depoimento reside no fato de que sua escola manteve sempre altos índices de rendimento e seu argumento demonstrava crença intuitiva de que a relação entre as pessoas era tão importante quanto a relação com o conhecimento na construção do processo educativo. Todavia, se seu discurso sugeria crença intuitiva nesse relacionamento, revelava também a sua dificuldade e a dos demais diretores de estabelecerem a ligação entre pais e escola. Se em épocas anteriores eram os pais que se chegavam à escola (tempo em que principalmente as crianças das camadas médias a frequentavam), com a nova clientela era preciso que a escola tomasse a iniciativa de acionar e incentivar a aproximação e a forma da relação; afinal, a escola era, se não ameaçadora, pelo menos desconhecida pelos pais mais pobres, especialmente os analfabetos.

Comparando as representações dos diretores com as das professoras, julgamos que entre os primeiros as representações exploravam melhor o "possível", estavam mais atravessadas pelo pensamento ou reflexão, indicando que suas concepções (o concebido) sobre o aspecto educativo na escola eram mais abrangentes, facilitadoras, portanto, de um melhor equacionamento dos problemas.

É provável que as representações dos diretores facilitassem uma ação mais produtiva na escola, como de fato encontramos, principalmente em Alfa e Delta. Na escola Delta, sobretudo, as concepções da diretora pareciam orientá-la para ações que, inclusive, desobedeciam as determinações oficiais. Seria a resistência ou desobediência civil dessa diretora — que deixava de comparecer a reuniões na delegacia para estar mais presente na escola e no acompanhamento do processo escolar dos alunos — o indício de uma ação cotidiana que viria a orientar medidas institucionais desburocratizantes? Não investigamos essas escolas hoje, mas sabemos que, apesar da demonstração de interesse dos últimos governos democráticos em desburocratizar a escola, tal empenho ainda não chegou a um ponto que ajudasse a reverter as prioridades das funções do diretor. De qualquer forma, estudos do cotidiano escolar mais recentes e mesmo estudos de caráter qualitativo podem identificar pelo menos se a prática pedagógica dos diretores toma a tendência de voltar a priorizar os aspectos mais pedagógicos da escola e o atendimento mais direto ao aluno e sua aprendizagem.

CAPÍTULO XI

Representações da obra pelos pais

Representações dos pais sobre a escola, as professoras e o fracasso escolar dos seus filhos

A professora é a pessoa que mantém o relacionamento mais direto com os alunos. Talvez por isso os principais problemas que os pais apresentaram com relação à escola se referiram a ela.

Além do cuidado dos pais pela aprendizagem escolar dos seus filhos, eles mostraram inquietação com o que seus filhos estavam aprendendo fora da sala de aula, na vivência cotidiana da escola. Traduzindo isto para uma linguagem pedagógica, os pais estavam preocupados com o "currículo oculto" da escola. Ao mencionarem a aprendizagem de seus filhos fora das disciplinas escolares, os pais não se referiram às professoras e sim à escola, sendo ora de forma impessoal, ora relacionada à diretora, ora ao governo.

Considerando os dois aspectos referentes ao ensino e à educação escolar de modo geral, as indicações de insatisfação dos pais foram distribuídas conforme nos mostra a Tabela 22.

De todas as preocupações e queixas que os pais apresentaram sobre a escola, a mais proferida foi a "não assiduidade da professora". Esta preocupação baseava-se na percepção de que as faltas das professoras interfeririam negativamente na aprendizagem dos seus filhos.

TABELA 22
Fatores de insatisfação dos pais em relação à escola

Fatores de insatisfação	Nº de Respostas
1. Falta das professoras	6
2. Troca de professoras durante o ano	5
3. Falta de inspetor de alunos	2
4. Falta de policiamento	2
5. Falta de servente, para limpeza	2
6. Falta de interesse das professoras	2
7. Ensino fraco	2
8. Merenda ruim	2
9. Falta de recreação extra	1
10. Obrigatoriedade de uniforme	1
11. Pouco material	1
Total de respostas	26
Total de pais entrevistados	11

A ênfase na questão dessas faltas mostrou que o enfoque principal da luta dos pais pela escolarização dos seus filhos (principalmente os da periferia) consistia em assegurar o momento mais do que a qualidade do ensino.

A segunda maior apreensão dos pais com a escola também se referiu à professora; não mais à sua assiduidade, mas à sua substituição constante durante o ano. Também aqui a causa da inquietação era a repercussão negativa deste fato na aprendizagem das crianças.

As demais preocupações apresentadas pelos pais sugeriram que eles olhavam a escola não apenas como local onde seus filhos aprendiam o saber relacionado às matérias escolares. Mesmo que intuitivamente, eles "sabiam" que, na escola, seus filhos se educavam de forma geral, aprendendo o conhecimento do mundo e se formando como pessoas. Também reclamavam pela falta de servente, de inspetor de alunos ou de policiamento ao redor da escola.

Os depoimentos sugeriram que os pais não escolarizados (geralmente os mais pobres) consideravam mais problemáticas as situações escolares extraclasse do que problemas instrucionais, de sala de aula, ou mesmo referentes à professora. No tocante ao fracasso escolar de seus filhos, esses pais apontaram como causa sua própria insuficiência ou a de seus filhos. Nesse sentido, consideraram que, assim como eles, seus filhos também tinham "cabeça dura" para o estudo. Já os pais escolarizados (maioria entre os entrevistados), ao considerarem o fracasso escolar, indicaram as professoras como causa principal.

Assim como as diferenças entre os pais, baseadas em critérios de escolaridade e condição socioeconômica, determinaram divergências de representações sobre o fracasso escolar de seus filhos, da mesma forma, essas diferenças provocaram divergências na representação dos pais sobre o papel da escola e da família no rendimento escolar. Pais com alguma escolaridade e condição econômica menos precária declararam ser importante e necessário acompanhar os deveres dos filhos em casa. Mães, donas de casa, afirmaram acompanhar tais deveres e as que trabalhavam disseram que pediam para uma vizinha fazê-lo ou até pagavam uma professora particular. Essas mães, tanto quanto aquelas das camadas médias, demonstraram perceber que o tempo que seus filhos passavam na escola não era suficiente para sua aprendizagem e sucesso escolar. Já os pais analfabetos ou com muito pouca escolaridade e aqueles com alguma escolaridade e nível de participação na comunidade demonstraram não perceber (os primeiros) ou não aceitar (os segundos) que a tarefa da escola devesse ser complementada pela família. Os depoimentos abaixo exemplificam um e outro caso:

> "A escola não tem culpa, pois o estudo que eles dão pra uns, dá pra todos. A culpa é da família. Tudo de cabeça pro lado da escola. As escolas são todas iguais, de rico e de pobre. A leitura não é a mesma?

Então eu acho que não é parte de atendimento, não. É mesmo discurso da criança". (Guarda noturno; só assinava o nome.)
"A família do aluno pobre se interessa pela escola, põe o aluno lá, é porque interessa. Mas a escola de rico é melhor, a professora se interessa mais. Então a culpa do menino não aprender é da escola. O professor não se esforça porque, quando as professoras se esforçam. os meninos aprendem".

Representações como estas lançam profundos questionamentos sobre como as tarefas de casa dos alunos têm sido historicamente determinadas sem passarem por análises de condições concretas. Além disso, alguns pais entendiam que a supervisão dessas tarefas era função da escola. Essas divergências de pontos de vista e a impossibilidade de algumas famílias ajudarem as crianças nos estudos eram verdadeiras em 1980 e ainda hoje o são. Essa questão deve ser levada em conta pela instituição e pelos educadores nas suas formulações sobre a "nova" escola. Mas esta nova escola só poderá advir de um processo coletivo de construção, onde os pais das diferentes classes sociais tenham espaço para discutir. Para tal, pais e escola precisam interagir de forma mais estreita.

O encontro entre pais e agentes pedagógicos tem acontecido através das reuniões de pais e mestres e da APM.

As reuniões de pais e mestres foram diferentemente percebidas pelos pais de alunos das escolas Alfa, Beta e Gama. Enquanto na escola Gama (das camadas médias) os pais entrevistados demonstraram estar satisfeitos com as reuniões, pois nelas se debatia tudo a respeito de seus filhos, em Alfa e Beta (da classe trabalhadora) os pais se queixaram de só assinarem a lista de presença e receberem os boletins dos filhos.

Da mesma forma, as reuniões da APM foram representadas de maneira diversa nos dois tipos de escola: os pais de alunos da escola Gama afirmando serem mais participantes das decisões tomadas do que os pais de alunos das escolas Alfa e Beta. Estes se ressentiam de só serem chamados para assinatura de papéis ou colaboração nas festas escolares, como demonstra o depoimento abaixo, de uma mãe da escola Alfa:

> "Na APM eu só assino papéis. E quando tem bazar, eu vou na escola ajudar, dar uma mão: nas montagens das barracas, na hora de vender. E assino os cheques que me mandam ... Não participo de decisão sobre como vão gastar o dinheiro da APM... Nunca houve reunião assim pra gente discutir assunto da escola".
>
> "As decisões na APM era tudo junto, tudo de acordo. Não era só os professores e diretora não; eram todos, todos faziam parte da APM. Todos tinham aquele relacionamento, eram amigos".

De forma geral, os pais pertencentes à classe trabalhadora percebiam má vontade dos profissionais da escola em atendê-los. Declararam, por exemplo, que gostariam que a escola, no início do ano, lhes apresentasse a professora de seus filhos para que não precisassem ficar "espiando" a nova professora pelo portão. Foi o caso da mãe que afirmava:

> "A escola não abre os portão pros pais entrar. Precisava os pais ver como está funcionando a escola. As minhas crianças reclama: 'os banheiro é uma porcaria, não dá pra usar...' Os pais não têm oportunidade de entrar dentro da escola".

O mesmo não acontecia com os pais mais escolarizados como a mãe, técnica em contabilidade, da escola Gama:

> "Qualquer hora em que você quer saber do filho, você vai na escola e é bem recebido. E nós temos as reuniões de país. Então, tudo que é sobre a criança é dito naquela reunião".

Os diversos depoimentos mostram que os pais pertencentes às camadas médias têm sido ouvidos e conhecidos pela escola e que os da classe trabalhadora têm sido ou evitados ou desconsiderados nas discussões escolares. Os depoimentos desses pais apontam ainda para outro fator: eles têm notado, uns mais claramente, outros menos, que são afastados do processo escolar de seus filhos. É possível que fatos sociais concretos como, por exemplo, pressões da população, venham a exigir mudanças de relacionamento da escola com os pais dos alunos das camadas populares. A escola, enquanto instituição educativa de uma sociedade democrática, também deveria acionar medidas de aproximação com esses pais. Algumas intenções de mudança foram manifestadas por educadores (diretores ou professoras), mas poucos indícios encontramos de que tais intenções em nível do discurso tivessem passado para ações concretas.

Finalmente, alguns pais descreveram as qualidades da professora ideal, sintetizadas na Tabela 23:

TABELA 23
Representação dos pais sobre as características de uma boa professora

Características	Nº de pais
1. Enérgica	2
2. Ensina bem	2
3. Que passa bastante lição	1
4. Que é amiga do aluno	2

Quanto ao tratamento que as mães desejavam para seus filhos, nenhum depoimento sugeriu expectativa de carinho ou troca afetiva mais intensa. Tal fato mostra diferença importante entre as expectativas das mães (inclusive as pobres) e as representações das professoras, que entendiam como necessário dar carinho às crianças desfavorecidas economicamente. Uma das mães, costureira, sintetizou em seu depoimento as diversas características de uma professora:

"Deve ser amiga do aluno, para incentivar a estudar mais. Não precisa adular aluno, mas ensinar bem e ser enérgica".

Quanto à energia, uma das mães explicou melhor o que queria dizer:

"Enérgica, põe de castigo, faz a criança se organizar. Não é caso de bater mas pegar na orelha do menino".

Na escola Gama, onde as professoras das primeiras séries eram mais antigas e assíduas às aulas do que as professoras de 5ª série em diante, os pais, assim como a direção, demonstraram perceber diferença no envolvimento das professoras segundo o nível das classes com as quais trabalhavam:

"Os professores de primário continuam os mesmos (de há doze anos); são dedicados. Agora, os de ginásio que são mesmo diferentes e são mais acomodados agora, né. A gente já não tem mais aquela dedicação mesmo. Porque você vê, professor de ginásio é aqueles quarenta e cinco minutos. Se ele não vem com dedicação, ele não obtém nada mesmo, porque é muito pouco tempo. E depois, com essa transferência de professor que tem, isto foi uma coisa horrível".

Depoimentos como este sugerem anseios de melhoria da escola, passando por decisões institucionais sobre como assegurar maior assiduidade e melhor índice de transferências das professoras.

CAPÍTULO XII

Confronto entre as várias representações da obra "escola"

As representações dos diversos sujeitos pesquisados tinham como referência básica a sua escola. Foi a partir desta presença concreta — a obra-escola — que os diversos sujeitos se manifestaram, fundamentalmente através de seus discursos, informando-nos sobre suas representações.

Estados cientes de que a análise das representações dos diversos sujeitos por si só não nos possibilitava conhecer a obra. Esta, apesar de ser construída por todos os que a vivenciavam, não era alcançada pelas representações dos sujeitos, situando-se além delas. Este foi o motivo pelo qual o estudo das representações começou com uma descrição mais objetiva da vida cotidiana escolar.

Se as representações dos sujeitos sozinhas não nos revelavam nem esclareciam a obra, a análise dessas representações junto a essa obra poderia nos oferecer dados que avançassem no seu esclarecimento. Além disso, o estudo das representações das professoras, diretores e pais também nos revelaria algo sobre a natureza do seu ser. Este conhecimento nos possibilitaria, em consequência, atestar o nível da conquista da cotidianidade pelas professoras, diretores e pais e as oportunidades mais concretas de transformação da escola. É importante lembrar que, seja na descrição das condições objetivas do cotidiano, seja na investigação das representações dos sujeitos, não foi toda a realidade escolar que procuramos alcançar, mas os processos, as práticas ou as representações que, de uma forma ou de outra, relacionaram-se com a questão fundamental: "causas escolares do fracasso escolar dos alunos".

Tendo presente o exposto, a análise das representações das três categorias de sujeitos investigados nos permitiu algumas afirmações.

Uma primeira afirmação reforçou a hipótese formulada de que as representações da obra diferiam conforme o lugar específico no qual o sujeito vivia. Os dados pesquisados nos possibilitaram um maior aprofundamento nessa afirmação ao indicarem que a diferença nas representações dependia não só do lugar dos sujeitos em termos sociais ("classe média", representada pelas professoras e diretores *versus* classe trabalhadora, representada pelos pais pobres) como em termos de sua situação funcional no trabalho (professora *versus* diretor). Esta relação pode ser melhor entendida retomando-se as representações dos diferentes sujeitos, relativas a fenômenos específicos.

O fenômeno "fracasso escolar dos alunos pobres" foi representado diferentemente pelos três tipos de sujeitos envolvidos, sendo que as professoras apontaram mais as causas extraescolares e os diretores e pais de alunos as causas intraescolares. A causa extraescolar mais indicada pelas professoras foi a família do aluno, em especial suas características culturais (desorganização, não incentivo ao estudo do filho), atribuídas à situação de pobreza. A causa intraescolar mais aventada por diretores e pais foi a professora, apesar de os motivos serem diversos. Para os diretores, as professoras eram causa do fracasso escolar dos alunos devido ao seu despreparo para ensinar e atribuíam tal fato sobretudo a fatores institucionais e políticos (más condições de trabalho e baixo salário). Já os pais culpavam as professoras pelo fracasso dos alunos a partir de dados concretos, como rotatividade excessiva e ausências constantes. A atribuição a essas causas era diferenciada. A rotatividade excessiva das docentes durante o ano (o problema mais colocado) foi imputada pelos pais de modo vago à escola. As ausências constantes das professoras, por outro lado, eram vistas pelos pais como falta de interesse das mesmas.

A análise dos fatores mencionados pelos pais dos alunos das escolas de periferia e as relações causais que estabeleciam sobre esses fatores mostravam que sua maior preocupação não era ainda a qualidade do ensino ministrado (como no caso dos diretores), mas a garantia do momento do ensino, ou seja, os pais "desejavam" que seus filhos tivessem aula, independentemente da sua qualidade. Alguns pais de alunos das escolas de periferia que apontaram a necessidade de melhoria da qualidade do ensino possuíam condições econômicas menos precárias e alguma escolarização.

A força da vivência e do lugar específico do sujeito na construção das representações foi constatada no contexto de outras situações. Assim é que, no tocante à questão de "como melhorar o rendimento escolar dos alunos", vimos que as professoras indicaram como "solução" principal: apoio e assessoria dos pais às tarefas dos filhos. Analisando as representações dos pais quanto ao seu papel no apoio ou assessoria aos filhos identificamos diferenças conforme seu grau de escolarização. Pais com algum grau de escolarização (ou seja, que vivenciaram a escola) tendiam a aceitar a tarefa que a escola historicamente vem lhes cobrando e cumpriam com a mesma. Parece que esses pais, por terem vivido eles próprios uma situação semelhante, aceitavam o que entendiam ser condições básicas para os filhos aprenderem. Assim, estes pais assumiam o assessoramento pedagógico aos filhos ou pagavam-lhes professora particular (apesar do rombo financeiro que isso lhes representava). Já os pais analfabetos, por não entenderem que era sua tarefa o assessoramento aos deveres escolares, cobravam da escola e apenas dela a aprendizagem dos seus filhos. Em suas concepções, a tarefa dos pais era matricular os filhos na escola.

No que diz respeito a qual entidade atribuir a tarefa de ensinar as crianças (à escola ou à escola e à família), um terceiro tipo de representação apareceu na nossa investigação, caracterizando um outro tipo de pai: o escolarizado e com algum nível de militância política (em nível da associação de bairro, no caso). Este pai argumentava que era exclusivamente da escola a tarefa de ensinar as crianças com sucesso, ou seja, que esta era uma tarefa social e de responsabilidade da escola. O conflito entre as diversas formas de representar a função da escola e dos pais na escolarização das crianças era muito evidente no cotidiano escolar. Da mesma forma, era evidente o conflito interno e mesmo a incoerência no seio de cada forma de representação.

Com relação ao desejo das professoras de ajuda dos pais, a análise indicou um conflito em suas representações entre os elementos provenientes do "concebido" (do conhecimento científico, ideário pedagógico socializado) e os elementos provindos de sua vivência. Lembramos aqui o conceito de representação, mediadora entre o vivido e o concebido. O conflito foi melhor percebido nas representações das professoras que trabalhavam em escolas que atendiam a alunos pobres ou nas das professoras que trabalhavam nas escolas centrais, mas que tinham alunos pobres em suas salas. Estas professoras, por um lado, demonstravam entender a situação de falta de tempo ou inexistência de condições pessoais de os pais (analfabetos) assessorarem seus filhos. Por outro lado, "não aceitavam" a falta desse assessoramento, pois este era fundamental para atingirem seu objetivo de ensinar. Tal conflito revela incoerência nas representações das professoras e sugere que os traços provenientes do "concebido" (conheciam a falta de condições dos pais para assessorar os filhos) sucumbiam aos traços provindos da vivência (desejo de que seus alunos aprendessem a partir da orientação que elas costumavam seguir, não considerando os obstáculos concretos dos alunos pobres).

As representações dos diretores quanto ao fracasso dos alunos pareciam ser menos incoerentes do que as das professoras. Talvez porque não lidassem tão diretamente com os alunos — ou seja, não vivenciassem a situação de ensino e aprendizagem — é que consideravam mais adequadamente o conhecimento proveniente de conceituações teóricas (do concebido). Assim, apontavam como "causas" do fracasso escolar a falta de preparo técnico das professoras, também este justificado por informações que o "concebido" lhes fornecia: baixa remuneração, má formação intelectual etc.

A análise comparativa entre as representações dos diversos sujeitos permite-nos formular a segunda conclusão desta parte do estudo: as representações dos sujeitos revelam intenso conflito entre traços provenientes do "concebido" (ideário ou crenças que possuíam) e traços originados na vivência. Para alguns sujeitos os traços da vivência no momento da investigação sobrepujavam os demais; isto foi mais notado em relação às professoras. Tal resultado parecia ser fruto principalmente da falta de equacionamento ao nível racional das dificuldades que enfrentavam. Elas não haviam ainda refletido sobre as razões históricas (e ideológicas) das representações que mantinham, nem das manipulações a que essas representações estavam expostas. Faltava-lhes o "conhece-te a ti mesmo" lembrado por Gramsci como o início da elaboração crítica sobre o que somos. Nesse sentido, era necessário que as professoras percebessem que entendiam o ensino precisando tanto da assessoria dos pais para ser bem-sucedido porque historicamente, no atendimento a alunos provenientes da classe média, sempre foi assim. Entretanto, à época investigada, assim como ainda hoje, na equação ensino, a mesma variável apresentava valores distintos: pais analfabetos coexistiam com os alfabetizados e pais sem tempo coexistiam com pais com tempo para assessorar os filhos. Para cada um desses valores da variável havia e há necessidade de a escola organizar formas alternativas de atendimento ao aluno.

O distanciamento do cotidiano (ou suspensão do cotidiano, como denomina Agnes Heller) para refletir com maior isenção os problemas vividos apresenta-se como estratégia facilitadora na busca do melhor equacionamento desses problemas. O conhecimento do sentido das próprias representações e da escola, tanto por parte das professoras e diretores quanto de alunos e pais, aparece como primeiro passo para uma elaboração crítica da vivência.

O segundo passo da elaboração crítica é o confronto entre as diversas representações da obra. Diretores, professoras e pais precisam conhecer-se uns aos outros para que as diferentes representações do mesmo cotidiano estejam disponíveis a cada sujeito. No que concerne à escola (professoras e diretores), ela tem procurado, mesmo que em escala reduzida, uma aproximação com os pais, fazendo-os conhecer suas propostas. Entretanto, os agentes pedagógicos não têm ido aos pais para conhecê-los. E o que é pior, eles (principalmente a professora, que é a que mais precisa dos pais) têm mantido preconceito sobre os pais pobres agindo de maneira preconceituosa e criando, às vezes, situações humilhantes para eles na escola.

O conhecimento do sentido das próprias representações e daquelas dos outros sujeitos são vias possíveis para se alcançar a integração das várias apreensões dos fenômenos escolares e se chegar ao estabelecimento das relações sociais dentro da escola. A história e prática das escolas aqui pesquisadas mostraram que, não obstante outras variáveis presentes, naquelas escolas, nos momentos em que houve maior integração entre os sujeitos envolvidos, foi melhor o rendimento escolar dos alunos. A integração estabelece uma história comum e esta envolve e compromete as pessoas. Se as relações pessoais são importantes para atingir qualquer objetivo produtivo, elas são fundamentais na situação escolar. Isto porque o sujeito a quem o ensino se destina (aluno) é um dos elementos constitutivos do processo escolar, além do professor e do saber a ser transmitido.

Terminamos a discussão desta parte afirmando que as representações dos diversos sujeitos (especialmente os profissionais do ensino: professoras e diretores) sobre a obra escola apresentaram fracos indícios que demonstrassem conquista da intensa programação a que estão submetidos, ou seja, a conquista da cotidianidade.

A vontade de transformar o cotidiano escolar foi mais identificada nas representações dos diretores do que nas das professoras e melhor sugerida nas representações dos pais. Estas afirmações revelam que as representações dos profissionais do ensino necessitavam, no ano da investigação e provavelmente ainda hoje, ser perpassadas pelo pensamento crítico que tivesse como referência básica as características específicas de cada obra pois, acreditamos, é na obra que a problemática da representação se resolve.

Considerações finais

Ao longo deste estudo tecemos considerações empíricas, práticas e teóricas sobre os dados analisados. Retomaremos algumas delas à guisa de conclusão.

Uma primeira consideração refere-se ao entendimento da singularidade de cada escola, à sua existência como "obra". Apesar de as quatro escolas pesquisadas pertencerem a um mesmo sistema de ensino, cada uma revelava-se como presença única, com características singulares de existência. Pelo fato de essas características não se manifestarem de forma estática, mas em movimento constante, a escola aparecia como uma obra em construção. Uma segunda consideração provém da análise das semelhanças e diferenças do cotidiano das quatro escolas, sustentando algumas crenças deste estudo.

A primeira crença era a de que o "cotidiano escolar reflete a História da sociedade assim como sua própria história". O reflexo da História na determinação das condições concretas de cada escola foi detectado em diversos momentos da análise. Tendo como indicadores dessa História elementos de ordem econômica, social, política e institucional, um dos reflexos sobre o cotidiano incidiu nas condições de criação de cada escola. As diferenças sociopolíticas entre o período de criação das duas escolas mais antigas (1964) e o das duas mais novas (1976) determinaram, em grande parte, diferenças nas condições objetivas que elas apresentavam em 1980.

As duas escolas mais novas foram criadas na vigência de um modelo de desenvolvimento que levou, por um lado, ao crescimento urbano acelerado da cidade de São Paulo e à expansão quantitativa das escolas públicas de 1º grau e, por outro, ao "arrocho" dos gastos do Estado com a educação. Por isso, possuíam condições de infraestrutura e organização interna extremamente inferiores àquelas encontradas nas escolas mais antigas. A análise histórica comparativa mostrou que o período em que as crianças provindas das camadas populares tiveram acesso à escola coincidiu com o momento em que o sistema de ensino piorou seu nível de atendimento. Superocupação do espaço físico, devido ao grande número de turnos e alunos por classe, impossibilidade de uso das instalações existentes, falta de material didático, falta de funcionários administrativos e de apoio e, finalmente, alta rotatividade de professoras compunham a regra nas escolas criadas na década de 1970, na periferia de São Paulo. Todas essas constatações nos possibilitaram afirmar a existência de uma lógica perversa na diversidade das escolas públicas desse período, ou seja, "escola pobre para o aluno pobre".

Outros reflexos da História sobre a realidade de cada escola, como a valorização do tecnicismo e da programação minuciosa do cotidiano escolar institucionalmente orientada, repetem a programação que atinge a vida cotidiana urbana nos tempos modernos.

O reflexo da história singular das escolas na determinação de suas condições concretas em 1980 também foi detectado em diversos momentos da análise. Consideramos como indicadores da história singular o tipo de professora e diretor (condição funcional, residência ou não no bairro da escola, tempo de trabalho na escola; envolvimento com o processo educativo), o tipo de alunos e de pais (condição socioeconômica), a organização do trabalho pedagógico e a prática desenvolvida.

A análise desses indicadores na história singular das escolas nos permitiu tornar mais precisa a afirmação acima registrada sobre a lógica da "escola pobre para o aluno pobre". De fato, constatamos que não só ao aluno pobre que frequentava a escola de periferia era oferecida uma escola pobre. Também o aluno pobre que se matriculava nas escolas mais centrais, onde a maioria dos alunos pertencia às camadas médias, recebia um ensino de pior qualidade. A prática pedagógica desenvolvida nessas escolas era de tal forma que discriminava os alunos pobres dos demais. Práticas existentes para melhorar o ensino não eram estendidas a todos os alunos; um exemplo era a não frequência dos alunos pobres à pré-escola devido ao fato de a escola cobrar material pedagógico na matrícula. Esta análise nos permitiu afirmar que a escola para o aluno pobre sempre era de má qualidade, quer ele frequentasse uma com boas condições de funcionamento ou não.

O estudo do cotidiano das escolas propiciou sustentar uma segunda crença, a de que "as práticas cotidianas não apenas refletem a História; antecipam-na também". Entender determinadas práticas e processos do cotidiano das escolas como antecipações da História só foi possível através de sua inserção nessa História. A heterogeneidade das práticas cotidianas é tão grande que a única forma de elas ganharem significado foi acompanhar o processo de sua construção. Neste sentido, estudar em 1987 os dados do cotidiano investigado em 1980 constituiu uma vantagem, pois pudemos perceber que mudanças institucionais ocorridas na escola recentemente já estavam presentes no cotidiano de algumas delas naquela época, até com caráter de "desobediência" às regras formalizadas ou tácitas da instituição.

A institucionalização do ciclo básico foi o exemplo mais claro que encontramos para confirmar a tese de que no cotidiano estão as pistas da história futura. A ideia do ciclo básico não foi fruto de decisões institucionais somente, mas também da ação dos sujeitos coletivos presentes e atuantes em diferentes histórias locais. A força da história cotidiana possibilitou à instituição tomar este tipo de medida. É importante afirmar que a política orientadora das decisões institucionais define substancialmente a medida tomada. A instituição, conforme seus princípios políticos, aproveita uma ou outra vertente das histórias socialmente construídas. Mas sempre a instituição necessitará do "aval" da vida cotidiana para legitimar suas decisões. Assim é que os homens fazem história, passiva ou ativamente, pois de uma forma ou de outras eles — com a força das atividades e práticas cotidianas — fornecem "munição" para as decisões institucionais.

O conhecimento do poder do cotidiano é, a nosso ver, fundamental para o homem comum ou profissional de base, pois a partir deste saber ele poderá planejar e atuar no cotidiano de maneira a preparar mudanças no âmbito institucional. Além disso, esse conhecimento lhe facilitará reconsiderar a crença, revelada neste estudo através das representações das professoras, de que é basicamente a instituição que orienta o cotidiano escolar.

Estudar as representações de determinados sujeitos a partir do estudo da obra concreta teve o objetivo de melhorar o conhecimento dessa obra bem como identificar o nível de conquista ou de submissão que esses sujeitos apresentavam diante da intensa programação do cotidiano escolar. Sobre as representações dos agentes da prática pedagógica algumas considerações foram formuladas.

O estudo das representações mostrou que a escola é entendida conforme o lugar no qual o sujeito vive o cotidiano (na estrutura social ou institucional). Diretores, professoras e pais explicaram diferentemente a escola e questões a ela relacionadas, evidenciando uma situação de conflito, às vezes latente, às vezes manifesta. A análise das representações indicou que o diretor, mas principalmente a professora, mantinham representações muito limitadas a respeito da escola, do ensino e do fenômeno específico "causa do fracasso escolar dos alunos". Dizemos representações "limitadas" porque elas foram formuladas a partir de informações insuficientes, não inseridas num contexto explicativo mais amplo, onde pudessem ser cotejadas com as representações construídas por outros sujeitos, por exemplo, pais de alunos.

Se o estudo das representações não indicou que as professoras estivessem considerando diferentes explicações sobre os fenômenos escolares, ele revelou, todavia, o conflito existente entre aquilo que elas concebiam como explicação dos fatos e o que experimentavam na vivência dos mesmos. Esse conflito foi mais evidente entre professoras que trabalhavam com alunos pobres, fossem eles maioria ou não em suas classes.

Esta análise nos permitiu afirmar que os agentes pedagógicos, em particular as professoras, necessitavam elaborar criticamente os fenômenos do cotidiano escolar, em especial suas próprias representações, e cotejá-las com as representações dos outros, principalmente as dos pais. Professoras e diretores precisavam tanto do "conhece-te a ti mesmo", como de conhecer o "outro". O cotidiano só pode ser compreendido se seus participantes se tornarem sujeitos ativos e conscientes da sua situação de agentes da história, se entenderem a manipulação da qual são sujeitos no seio da programação moderna; enfim, se desejarem conhecer seu cotidiano e suas experiências cotidianas.

Outra consideração refere-se ao fato de que se ao nível das representações as professoras pareciam não ultrapassar as limitações do seu existir, em nível da prática algumas o faziam. De forma consciente ou não, a prática de algumas professoras não apenas reproduzia as condições existentes, mas modificava a história, lançando para o futuro o embrião de práticas transformadoras. A força dos elementos que imbricavam na sua vivência cotidiana forçava-as a tomar atitudes diferenciadoras. Nesse sentido afirmamos que, a despeito das representações dos sujeitos, sua prática cotidiana modificava as condições e formas de ensino (às vezes positiva, outras negativamente; concomitante e alternadamente conforme o sujeito, local e tempo específicos). Só a visada histórica nos permite avaliar, e assim mesmo de acordo com o ponto de vista do analista, a positividade ou negatividade de uma prática ou processo. A análise é necessária porque discutindo-a os sujeitos podem se tornar mais críticos, mais cientes das possibilidades (negativas ou positivas) de sua própria prática.

É importante ainda deixar claro que a ênfase que procuramos dar à força do cotidiano não nos leva a minimizar a atuação dos sujeitos em outros níveis não cotidianos como, por exemplo, nas associações de classe.[1] A atuação consciente seja no cotidiano, seja no não cotidiano, facilita aos profissionais da educação alcançar melhores condições de trabalho e desenvolver melhor qualidade do ensino nas escolas.

Uma consideração em nível prático deve ser apresentada quanto à questão da qualidade do ensino nas escolas. A análise do cotidiano mostrou um obstáculo evidente das escolas de periferia oportunizarem um ensino de boa qualidade. Este consistia na alta rotatividade das professoras dessas escolas que era, em 1980, e ainda hoje, um problema que exige resposta institucional. Esta resposta pode ser conseguida ou por pressão da categoria profissional ou por gestão mais democrática do sistema público de ensino. Propostas de solução dessa questão precisam encarar fatos simples: as escolas de periferia em geral são distantes da residência das professoras. Estas gastarão mais dinheiro e dispenderão mais tempo e esforço no seu trabalho. As precárias condições de trabalho na escola e as dificuldades de ensino com a clientela típica dessas escolas — o aluno pobre — têm desafiado a competência profissional da professora. Por todos esses motivos é pouco provável que uma professora opte livremente por trabalhar nessas escolas. Normalmente são as novas na função as que se encaminham para elas e, no menor tempo que conseguem, removem-se para um local mais central. Por outro lado, são essas escolas as que demandam, devido a todas as suas especificidades, as melhores professoras. Inverter essa situação pressupõe considerar a trajetória do professor não apenas como algo que diz respeito somente a ele, mas como uma *questão pública*. Entendida como questão pública, algumas medidas podem ser pensadas. Entre elas, a mais evidente é: fornecer vantagens à professora, financeiras e/ou funcionais. Ela precisa obter vantagens concretas para enfrentar as

---

1. Os profissionais que militam regularmente na estrutura das categorias de classe também vivem o cotidiano das associações ou dos sindicatos. É para o professor de base que apenas eventualmente participa de assembleias e manifestações que essa vivência não é cotidiana.

dificuldades encontradas nessas escolas e aí permanecer. Vimos a importância da permanência das professoras por longos anos na escola, identificando-se com sua história e o resultado desta história comum no rendimento dos alunos. Só assim a escola terá condições de formular um projeto de escola e executá-lo.

Essas considerações levam-nos a afirmar que o conhecimento do cotidiano escolar é necessário por duas razões. Primeiro, porque sendo conhecido é possível conquistá-lo e planejar ações que permitam transformá-lo, assim como lutar por mudanças institucionais no sentido desejado. A análise mostrou como isto pode ocorrer. Segundo, porque o cotidiano, sendo conhecido, pode fornecer informações a gestões institucionais democráticas que queiram tomar medidas adequadas para facilitar o trabalho ao nível cotidiano das escolas e melhorar a qualidade do ensino aí realizado.

Esta última consideração refere-se às limitações deste estudo. Apesar de nossa intenção em proceder a um estudo o mais totalizador possível, alguns campos ficaram descobertos. No estudo das representações, a maior limitação referiu-se à ausência dos funcionários e, principalmente, dos alunos. Estes últimos são os sujeitos coletivos mais importantes na escola; sua própria razão de ser. Portanto, suas representações necessitam ser analisadas e cotejadas com as dos demais sujeitos. O estudo de suas representações ao lado das de todos os outros sujeitos é uma tarefa que exige trabalho coletivo dos pesquisadores, mas deve ser realizado para se atingir maior raio de alcance no estudo do cotidiano escolar. A busca da totalização no estudo do cotidiano não termina aí. Afirmamos que dada a heterogeneidade do cotidiano, seu entendimento se dá somente a partir de sua inserção no movimento histórico. Nessse sentido, estudos longitudinais apresentam-se como tarefas a serem realizadas para que se analisem momentos diferentes de uma mesma escola. A importância de determinadas práticas e processos hoje presentes no cotidiano escolar só será evidenciada acompanhando sua construção na história. É necessário, pois, que procedamos a esta mirada histórica.

Bibliografia

ALTHUSSER, Louis. *Ideologia e aparelhos ideológicos do Estado.* São Paulo: Livraria Martins Fontes, s.d.

BARRETO, Elba Siqueira Sá. Ensino de primeiro e segundo graus: intenção e realidade. *Cadernos de Pesquisa,* n. 30. São Paulo: Fundação Carlos Chagas, 1979.

BAUDELOT, Christian; ESTABLET, Roger. *L'école capitaliste en France.* Paris: François Maspero, 1971.

BERMAN, Marshall. *Tudo que é sólido desmancha no ar.* São Paulo: Companhia das Letras, 1986.

BOURDIEU, Pierre; PASSERON, Jean Claude. *A reprodução* — Elementos para uma teoria do sistema do ensino. Rio de Janeiro: Francisco Alves, 1975.

CAMARGO, Cândido Procópio Ferreira et al. *São Paulo 1975*: crescimento e pobreza. São Paulo: Loyola, 1976.

CIDADE DE SÃO PAULO, SECRETARIA MUNICIPAL DE SÃO PAULO. *Plano Trienal 1985/1987,* 1985.

_____. DEPLAN. Desdobramento do Processo de Alfabetização, 1983 (mimeo).

CUNHA, Luis Antonio. *Educação e desenvolvimento social no Brasil.* Rio de Janeiro: Francisco Alves, 1977.

CURY, Carlos Jamil. *Educação e contradição.* São Paulo: Cortez, 1985.

FREITAG, Barbara. *Escola, Estado e sociedade*. São Paulo: EDART, 1978.

FUNDAÇÃO CARLOS CHAGAS. Departamento de Pesquisas Educacionais. *Educação e desenvolvimento social*: representações e expectativas de professores de primeiro grau sobre o aluno pobre, a escola e sua prática docente. São Paulo: FCC/DPE, 1981. Subprojeto 3.

FURTADO, Celso. *Formação econômica do Brasil*. São Paulo: Editora Nacional, 1968.

_____. *O Brasil pós-milagre*. Rio de Janeiro: Paz e Terra, *1982*.

GOLDMANN, Lucien. *Ciências humanas e filosofia* — O que é sociologia? 10. ed. São Paulo: Difel, 1986 (edição original: 1951).

GOVERNO DO ESTADO DE SÃO PAULO, SECRETARIA DO ESTADO DA EDUCAÇÃO, MEC/SEINF/SEEC-SE/SP. *Ensino de primeiro grau*: avaliação e movimentação escolar, 1980.

_____. ATPCE/CIE. *Problemas de escolarização da população*: fatores de evasão, 1985.

GRAMSCI, Antonio. *Concepção dialética da História*. 5. ed. Rio de Janeiro: Civilização Brasileira, 1984.

_____. *Os intelectuais e a organização da cultura*. 3. ed. Rio de Janeiro: Civilização Brasileira, 1979.

HELLER, Agnes. *O quotidiano e a História*. São Paulo: Paz e Terra, 1972 (edição original: 1970).

_____. *Sociologia della vita quotidiana*. Roma: Editora Riuniti, 1975 (edição original: 1970).

ILLICH, Ivan. *Sociedade sem escolas*. Petrópolis: Vozes, 1985.

KERLINGER, Fred N. *Foundations of behavioral research*. 2. ed. Nova Iorque: Holt, Rinehart and Winston Inc., 1973 (1. ed., 1964).

KOSIK, Karel. *Dialética do concreto*. Rio de Janeiro: Paz e Terra, 1976.

LEFEBVRE, Henri. *La presencia y la ausencia* — contribución a la teoría de las representaciones. México: Fondo de Cultura Económica, 1983 (edição original: 1980).

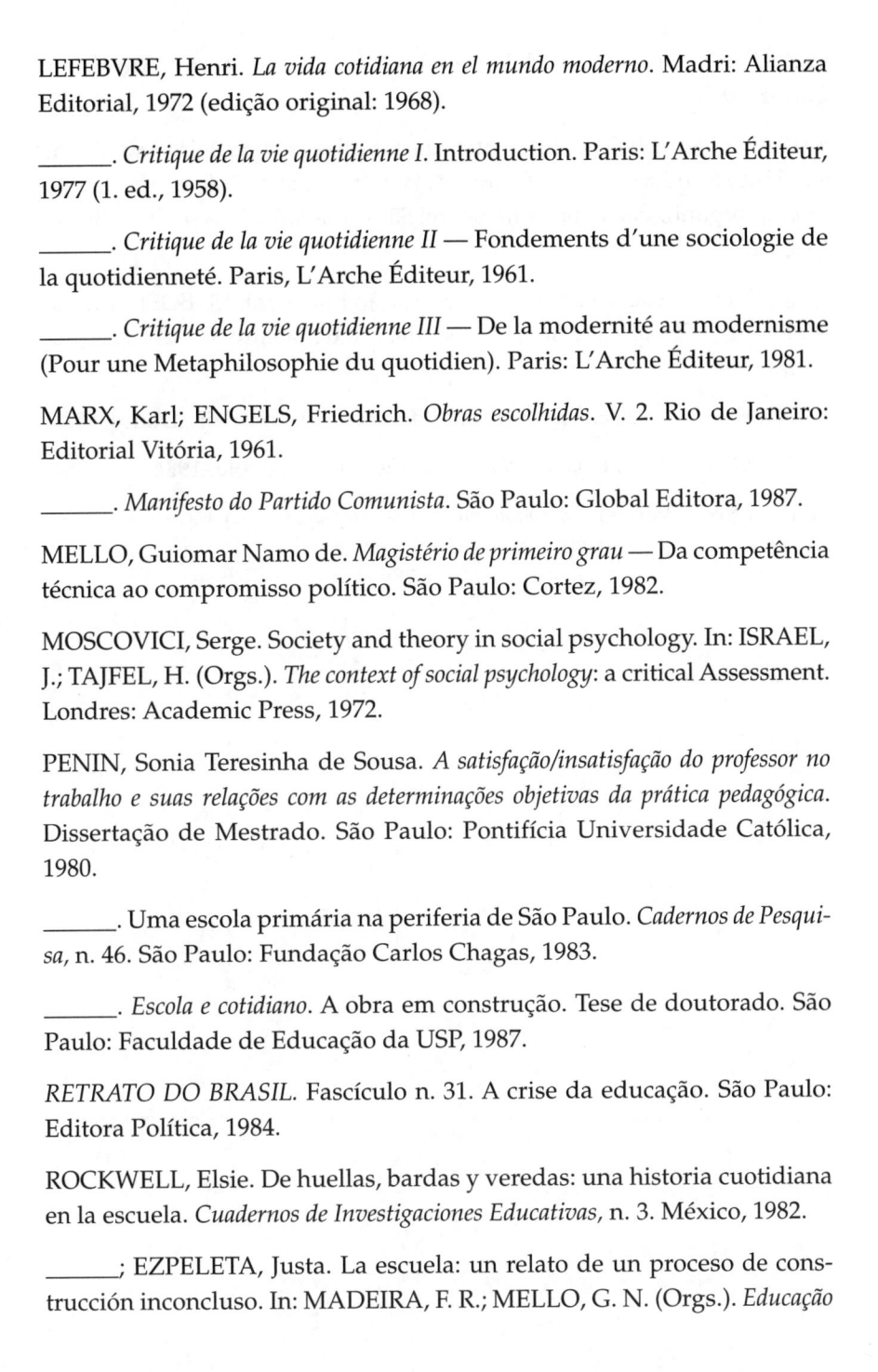

LEFEBVRE, Henri. *La vida cotidiana en el mundo moderno*. Madri: Alianza Editorial, 1972 (edição original: 1968).

_____. *Critique de la vie quotidienne I*. Introduction. Paris: L'Arche Éditeur, 1977 (1. ed., 1958).

_____. *Critique de la vie quotidienne II* — Fondements d'une sociologie de la quotidienneté. Paris, L'Arche Éditeur, 1961.

_____. *Critique de la vie quotidienne III* — De la modernité au modernisme (Pour une Metaphilosophie du quotidien). Paris: L'Arche Éditeur, 1981.

MARX, Karl; ENGELS, Friedrich. *Obras escolhidas*. V. 2. Rio de Janeiro: Editorial Vitória, 1961.

_____. *Manifesto do Partido Comunista*. São Paulo: Global Editora, 1987.

MELLO, Guiomar Namo de. *Magistério de primeiro grau* — Da competência técnica ao compromisso político. São Paulo: Cortez, 1982.

MOSCOVICI, Serge. Society and theory in social psychology. In: ISRAEL, J.; TAJFEL, H. (Orgs.). *The context of social psychology*: a critical Assessment. Londres: Academic Press, 1972.

PENIN, Sonia Teresinha de Sousa. *A satisfação/insatisfação do professor no trabalho e suas relações com as determinações objetivas da prática pedagógica*. Dissertação de Mestrado. São Paulo: Pontifícia Universidade Católica, 1980.

_____. Uma escola primária na periferia de São Paulo. *Cadernos de Pesquisa*, n. 46. São Paulo: Fundação Carlos Chagas, 1983.

_____. *Escola e cotidiano*. A obra em construção. Tese de doutorado. São Paulo: Faculdade de Educação da USP, 1987.

RETRATO DO BRASIL. Fascículo n. 31. A crise da educação. São Paulo: Editora Política, 1984.

ROCKWELL, Elsie. De huellas, bardas y veredas: una historia cuotidiana en la escuela. *Cuadernos de Investigaciones Educativas*, n. 3. México, 1982.

_____; EZPELETA, Justa. La escuela: un relato de un proceso de construcción inconcluso. In: MADEIRA, F. R.; MELLO, G. N. (Orgs.). *Educação na América Latina* — os modelos teóricos e a realidade social. São Paulo: Cortez, 1985.

SAVIANI, Dermeval. Análise crítica da organização brasileira através das leis 5.540/68 e 5.682/71. In: GARCIA, W. (Org.). *Educação brasileira contemporânea:* organização e funcionamento. São Paulo: McGraw-Hill do Brasil, 1976.

_____. Tendências e correntes da educação brasileira. In: BOSI, Alfredo et al. (Org.). *Filosofia da educação brasileira*. Rio de Janeiro: Civilização Brasileira, 1983.

SNYDERS, Georges. *Escola, classe e luta de classes*. Lisboa: Beira Douro, 1977.

SPOSITO, Marilia P. *O povo vai à escola*. São Paulo: Loyola, 1984.

THIOLLENT, Michel. *Metodologia de pesquisa-ação*. São Paulo: Cortez/Autores Associados, 1986.

LEIA TAMBÉM

METODOLOGIA DA PESQUISA-AÇÃO

▶ Michel Thiollent

18ª edição (2011)

136 páginas

ISBN 978-85-249-1716-5

Uma apresentação didática de vários temas relacionados à metodologia da pesquisa social e da pesquisa-ação em particular. O autor discute o papel da metodologia na estratégia de conhecimento, apresenta um roteiro prático para a concepção e organização de uma pesquisa e discorre sobre sua aplicação em diversas áreas: educação, comunicação, serviço social, tecnologia rural etc.

GRÁFICA PAYM
Tel. (011) 4392-3344
paym@terra.com.br